瀬戸際の新潟県

12の課題

消滅か 復権か

田村 秀

はじめに

二〇一〇（平成二二）年は新潟にとっても、そして日本にとっても正念場の年となるのではないだろうか。サブプライムローンの破たんに端を発した一〇〇年に一度ともいわれる大不況から日本経済が立ち直る兆しはまだ見えない。一方で、GDPでは日本を抜いて中国が世界第二位の経済大国となることが確実視されている。さらには、世界に類を見ないスピードで高齢化が進行して人口減少社会に突入し、年金や介護、医療分野のサービスに対する信頼が揺らいでいる。貧困層の割合は先進国の中でも高く、派遣切りといった言葉に象徴されるように雇用不安が渦巻いている。

地方の状況はさらに深刻だ。新潟も例外ではない。二〇〇九年には、新潟市、長岡市、上越市に店舗を構えていた大和デパートが県内からの撤退を表明し、中心市街地の空洞化はますます加速している。公共事業への依存度が高い新潟経済にとっては、政権を奪取した鳩山内閣の、「コンクリートから人へ」の政策転換によって受ける影響は計り知れないものがある。

大きな変革のうねりの中で、手をこまねいていては新潟というブランドそのものが地盤沈下し、その他大勢の中に埋没しかねない。その意味では、この一、二年が新潟にとっての正念場ではないだろうか。

本書は、「新潟をめぐる7つの課題」と題されて刊行されたブックレット新潟大学51『2025年の新潟を展望する』の内容を踏まえ、さらに五つの課題を加えて書き下ろしたものである。少子高齢化、地球温暖化、災害への対応、観光政策、新潟ブランド、二〇一四年問題、道州制議論といった課題に加えて、大学の生き残りや環日本海交流、食による地域振興、公共事業の削減、さらにはコンパクトな街づくりについても現状と課題を整理し、今後の方向性を提示したものである。

これら一二の課題は全国共通のものもあれば、新潟特有のものもある。そして短期的に取り組むべき側面もあれば中長期的にじっくりと戦略を練って取り組むべき側面もある。いずれにしても、行政や経済界などだけでなく、住民一人一人が自らの問題として捉え、一緒になって解決策を模索し、実践していかなければならないものばかりだ。

困難な課題が数多く直面しているからこそ、これらから目を背けることなく、問題を理解することから始めることが問題解決の第一歩となるだろう。本書を読むことで多くの方がこれらの政策課題に関する問題意識を共有してもらえれば幸いである。

目次

プロローグ　一八八八年の新潟

新潟が最も輝いていた頃

新潟が最も輝いていたのはいつ頃だったのだろうか。都市部に比べて地方の衰退がクローズアップされて久しいが、地域の栄枯盛衰を測る物差しとしては一番人口が分かりやすいだろう。東京が日本の中心であるのは、単に首都というだけでなく、人口が一番多く、政治、経済だけでなく様々な機能が集中しているからだ。一方、北海道夕張市の衰退ぶりは人口の減少を見れば一目瞭然だ。一九六〇（昭和三五）年に約一二万人だったのが、五〇年後にはわずか十分の一以下になってしまった。これでは地域社会が事実上崩壊してしまうのもやむを得ないのかもしれない。

新潟県の人口が最も多かったのは一九九六（平成八）年、二五〇万人にもう一歩というところまできていた。都道府県の中では広島県、京都府に次いで一四番目だった。一九世紀の終わり頃までは、新潟県が日本で一番人口が多かったのだが、このことは意外と知られていないようだ。残念ながら、新潟出身の新潟大学の学生に聞いても知らないと答えるものが結構いる。

注
一八八八年の都道府県別人口
一位　新潟県、二位　兵庫県、三位　愛知県、四位　東京府（現在の東京都）、五位　広島県、六位　大阪府、七位　福岡県、八位　千葉県、九位　長野県、一〇位　岡山県・・・三八位　福井県、三九位　高知県、四〇位　佐賀県、四一位　青森県、四二位　奈良県、四三位　山梨県、四四位　宮崎県、四五位　鳥取県、四六位　沖縄県、四七位　北海道

江戸時代の前半には越後国と佐渡国を合わせた人口は既に一〇〇万人を超えていた。一八七一（明治四）年の廃藩置県後、石川県が富山県と福井県の越前地方を併合していた時期を除くと新潟県が日本一の人口を有する県だった。一八八八（明治二一）年の日本の総人口は三九六三万人、そのうちの四・二％に相当する一六六万人が新潟県に住んでいた。もし、今でも、この割合のままであったならば、新潟県の人口は約五三〇万人となり、福岡県を凌ぎ北海道に次いで九番目に人口の多い県であったのだ。

ちなみに第二位が兵庫県、第三位が愛知県で、東京都（当時は東京府）は第四位にとどまっていた。広大な越後平野を背景に、江戸時代から稲作が盛んで、水にも恵まれ多くの人口を抱えることが可能だったのだ。

そのことは金融機関の成り立ちにも影響を与えている。明治初期の国の資金の大部分は地租収入だった。例えば、一八七八（明治一一）年の政府租税収入に占める地租の割合は八二％に及んでいた。特に新潟県には大規模な地主が多く、多額の小作料によって、銀行や鉄道などへの投資が行われていた。現在の第四銀行はその名の通り、全国で四番目（大阪の第三銀行は開業しなかったので実質三番目）にできた国立銀行を前身としている。潤沢な農村の資金があったからこそである。

新潟県が最も人口が多かった一八八八年は、全国で市制が施行された年

注
一八八八年の金沢市の人口は約九万四〇〇〇人で仙台市や広島市よりも多く、富山市の人口は約五万八〇〇〇人で、鹿児島市や福岡市よりも多かった。
ちなみに第一位は当時の東京市で、次いで大阪市、京都市、名古屋市、神戸市、横浜市となっていた。

でもある。最初に施行された三四の市の中には新潟市も含まれていた。まさに、明治期の新潟は輝いていたのだ。市制が未施行のところも含めると、新潟市の人口は約四万六〇〇〇人で二〇位、上位には金沢市(七位)、富山市(一一位)、福井市(二一位)、松江市(二三位)、弘前市(二九位)、秋田市(三三位)、高岡市(三七位)、鳥取市(三八位)と日本海側の都市が並んでいる。これらの市の中で、現在の人口規模で五〇位以内に入るのは、新潟市と金沢市だけだ。松江市、弘前市、高岡市、鳥取市は一〇〇位以内にすら入らない。人口を見ると、一九世紀までは日本海側の都市もそれなりの規模であったことがよく分かる。決して〝裏日本〟ではなかったのだ。

しかし、その五年後の一八九三(明治二六)年には新潟県の人口は東京都に抜かれて第二位となり、一八九八(明治三一)年には兵庫県に、一九〇三(明治三六)年には愛知県と大阪府に抜かれて第五位にまで順位を落としている。その後は、東京をはじめとする大都市部への労働力を供給する地域に甘んじていったのだった。

第一章　人口減少社会の行く末

日本全体が人口減少社会に

二〇〇四（平成一六）年をピークにわが国は人口減少社会を迎えた。人口減少が日本社会全般にどのような影響を与えるのか、世界的に見ても前例がほとんどないこともあって、予測するのは難しい。二〇〇九（平成二一）年の敬老の日に合わせて発表された総務省の推計結果によれば、六五歳以上の高齢者の占める割合（高齢化率）は二二・七%、女性に限れば二五・四%と四人に一人が高齢者となってしまった。まさに超高齢社会の到来である。また、七五歳以上の高齢者の割合も一割を超えた。

一九五五（昭和三〇）年に五%、一九八五（昭和六〇）年に一〇%を超えた高齢化率の上昇はとどまるところを知らない。将来推計人口（中位推計）によれば、二〇二三年には三割を超え、二〇五二年には四割を超える見込みである。平均寿命が延び、元気な高齢者が増えることは喜ばしい面もあるが、年金、医療、介護などのシステムを抜本的に見直さなければ、国全体が立ち行かなくなってしまうのは誰の目にも明らかだ。

注
二〇〇九年の都道府県別人口
一位　東京都、二位　神奈川県、三位大阪府、四位　愛知県、五位　埼玉県、六位　千葉県、七位　兵庫県、八位　北海道、九位　福岡県、一〇位　静岡県・・一四位　新潟県・・・三八位　富山県、三九位　和歌山県、四〇位　香川県、四一位　山梨県、四二位　佐賀県、四三位　福井県、四四位　徳島県、四五位　高知県、四六位　島根県、四七位　鳥取県

新潟県の人口の推移

明治の初期に日本一人口が多かった新潟県も、その後は人口の流出によって都道府県ごとの順位を下げていった。特に東京や大阪などの大都市へ多くの若者が流出し、工場や商店などの労働者となった。また、この頃の特徴として、農家の次男三男の流出だけでなく、長男や女子の出稼ぎも多かったことが挙げられる。一九二五（大正一四）年の日本全国の出稼ぎ労働者の数は約七八万五〇〇〇人、このうち約二割の一五万五〇〇〇人が新潟県民によって占められていたのだ。二番目に多かった島根県が約四万人とその差は一〇万人以上で、このことからも出稼ぎに占める新潟県民の割合の多さがうかがえる。明治政府は、「欧米列強に追いつけ追い越せ」のスローガンの下に、殖産興業・富国強兵を目的として、近代産業の育成を図ったが、これは、新潟県をはじめとする日本海側の地域の労働力によって支えられたという側面が強かったのだ。

一九三六（昭和一一）年には新潟県の人口は二〇〇万人を突破し、また、戦後直後は疎開や復員によって人口が急増したため、一九五五（昭和三〇）年には二四七万人に達した。しかし、日本が高度経済成長期に入ると人口の社会減が自然増を上回るようになり、一九七一（昭和四六）年の約二三六万人まで緩やかに人口が減り続けた。その後、一九九六（平成八）年に

注
新潟県より高齢化率の高い都道府県（二〇〇八年）：島根県、秋田県、高知県、山口県、山形県、岩手県、和歌山県、徳島県、鹿児島県、大分県、愛媛県

は二四九万人と二五〇万人の大台にあとわずかにまで迫ったが、少子化は新潟県にとっても例外ではなく、人口減に転じ二〇〇八（平成二〇）年にはとうとう二四〇万人台を割り込んでしまった。現在では四七都道府県中、一四位に順位を下げていて、一五位の宮城県との差は四万人強にまで縮まってしまった。

全国平均を上回る少子・高齢化

六五歳以上の人の占める割合を示す高齢化率は、新潟県全体では一九八〇（昭和五五）年に一一・二％、十年後の一九九〇（平成二）年には一五・三％、二〇〇〇（平成一二）年には二一・三％と上昇し、全国平均を凌ぐ勢いで高齢化が進展していった。そして二〇〇七（平成一九）年には二五％と、ついに県民の四人に一人が六五歳以上となってしまった。また、高齢者の数は年少人口（一四歳以下の人口）の倍となり、新潟県内の合計特殊出生率も一・三七（二〇〇七年）にまで減少し、少子化傾向にも歯止めがかかっていない。

市町村ごとでは粟島浦村、阿賀町で既に高齢化率が四割を超える一方、聖籠町は全国平均以下で、新潟市もおおむね全国平均並みの高齢化率にとどまっている。新潟県の推計によれば、二〇二五年には高齢化率が三四・

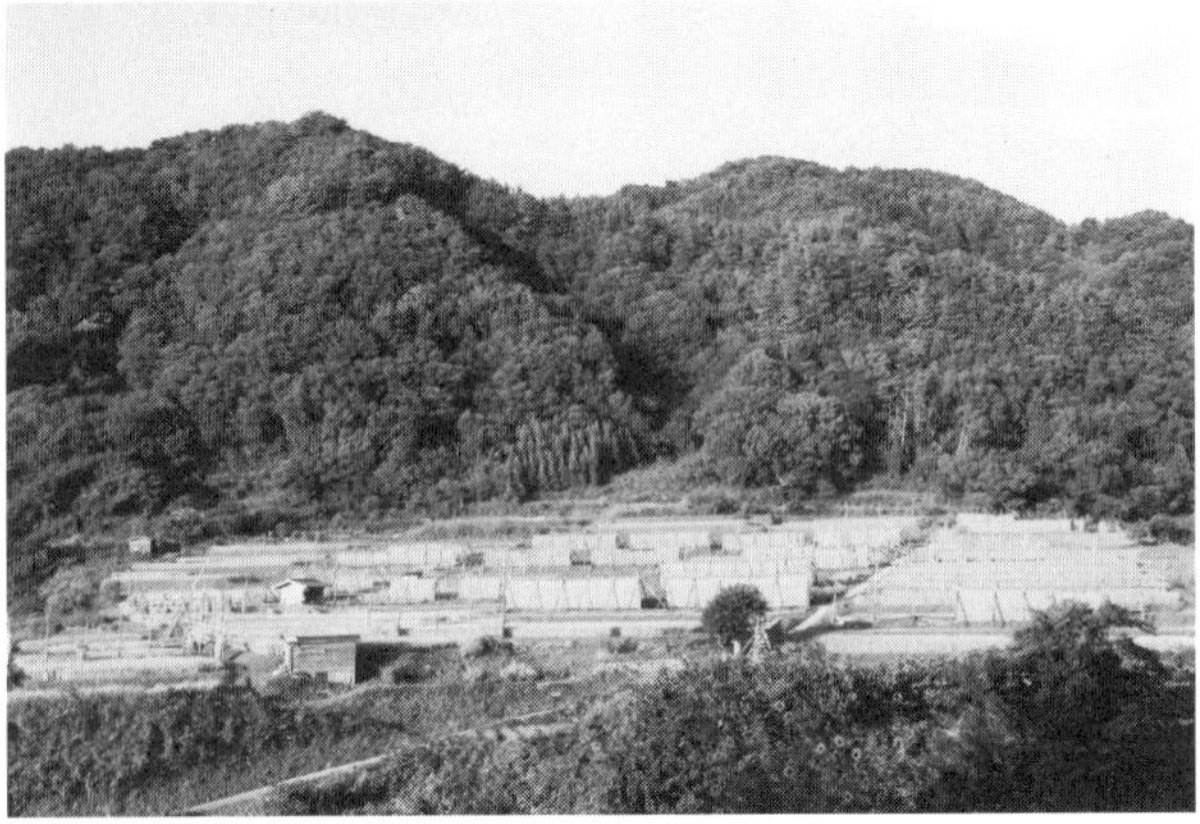

ふるさとの原風景ともいわれる中山間地域だが人口の流出や高齢化が進んでいる（写真／新潟県観光協会）

二％と三人に一人が高齢者となり、しかも七五歳以上の割合も二割を超えるなど、今後一層高齢化が進むことが予想されている。

このように高齢化が進行することによって、新潟県の人口はさらに減少することだろう。二〇二五年には二〇九万人と現在よりも三〇万人近く減少し、二〇三〇年には二〇〇万人を割り込むだろう。そうすると、今世紀半ばには新潟県は一八八八（明治二一）年頃の人口に逆戻りしてしまうのだ。

高齢化が地域に及ぼす影響

高齢化率が高くなると地域の活力の低下が心配される。これまで冠婚葬祭や道路の雪かきなどの様々なコミュニティー活動を地域の住民が助け合い、協力し合って実施することができたが、若者の数の減少と高齢者の増加はこのような活動を続けることを困難にしている。

高齢化は、特に中山間地域などに深刻な影を投げかける。集落の高齢化率が五〇％以上のところは限界集落と呼ばれている。限界集落とは集落の自治や共同体としての機能が衰え、将来消滅の危機があるところのことを指す。新潟県内にもこのような集落が増え、中には、すべての住民が六五歳以上というところすらある。これから一〇年、二〇年の間に幾つもの集

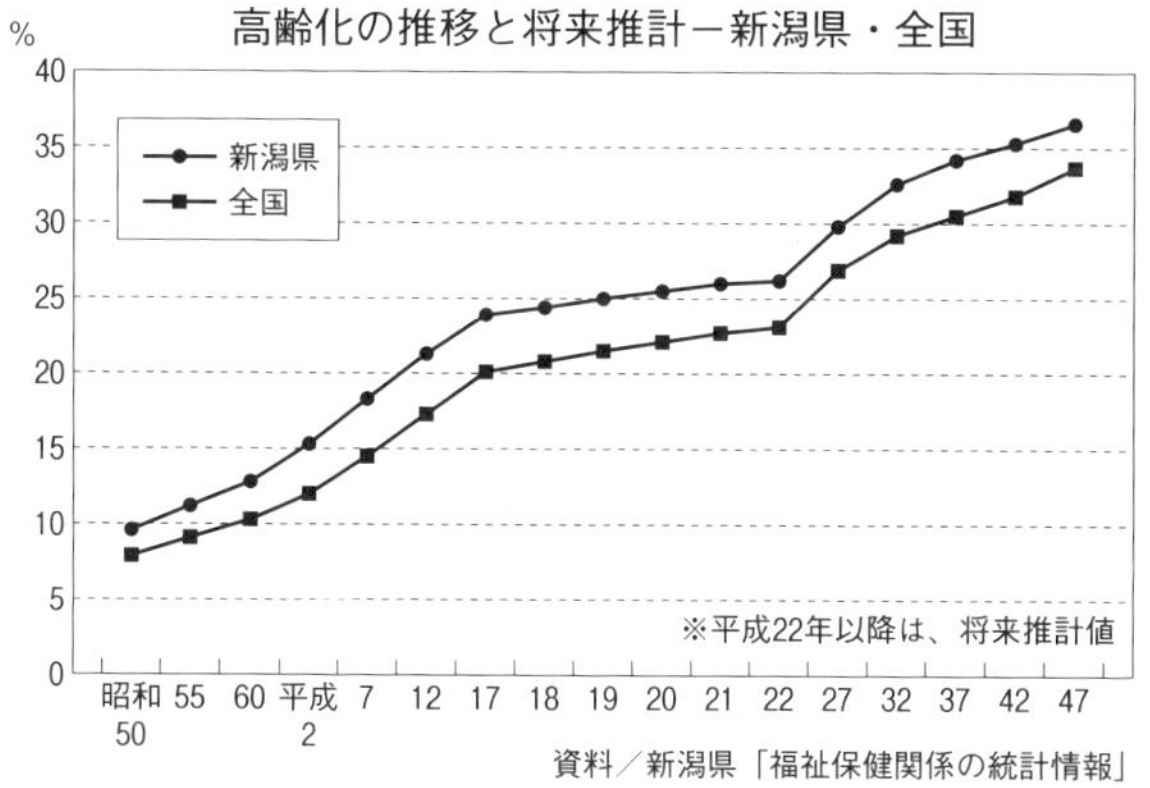

資料／新潟県「福祉保健関係の統計情報」

落がなくなってしまうことが危惧されている。集落の消滅は地域社会の崩壊だけでなく、中山間地域が持つ保水機能など国土保全機能が低下してしまうことを意味する。こうなると地方だけでなく、都市にも大きな影響を与える日本全体の問題となる。

だが、もはやすべての集落を維持することは不可能だ。ある程度住民がまとまって住まなくては行政サービスの提供も難しくなる。むしろ一定の条件の下で集落移転を積極的に進めた方がコミュニティーを維持する上でも得策ではないだろうか。

なぜ長野県の高齢者は元気なのか

一般的に社会が高齢化すると福祉や医療、年金など様々な財政負担が増え、また、若者が減少することなどによって地域に活気がなくなるなどマイナス面が大きいと考えられるが、短期的には少子化の傾向には歯止めがかからない。もはや、高齢化は必然のものとして考えざるを得ない。

新潟県の高齢化を考えるに当たっては、他の地域における事例も参考にすべきだろう。例えば、隣の長野県は一人当たりの高齢者医療費が一九九〇（平成二）年以降、一八年連続で日本一少ない額で済んでいる。その理由として、長野県後期高齢者医療広域連合が作成した「みんなで考えよう

長野県の医療費」によれば、

・長野県の高齢者は一年のうちに医者にかかる件数が少ない
・入院しても短い期間で退院する傾向がある
・医療機関が地域医療に熱心
・空き病床を埋めることより、患者の要求に対応した在宅医療に力を入れている
・かかりつけ医の体制が整っている

などを挙げている。また、そもそも長野県の高齢者があまり医者にかからない理由としては、

・農業に従事したり、シルバー人材センターなどで働く生きがいを持った高齢者が多数いること
・地域で住民の相談相手になったり、健診や生活指導などで住民の健康維持に尽くす保健師が多数いること
・ひとり暮らしの高齢者の率が低く、家族が在宅福祉を支えていること

などを挙げている。

　この結果、長野県の平均寿命は男女ともトップクラスとなっていて、二〇〇五（平成一七）年には男性が七九・八四年で全国一位、女性が八六・四八年で全国五位となっている。長野県の場合、単に長寿というだけでな

注
二〇〇五年の都道府県別平均寿命上位五
〔男〕一位　長野県、二位　滋賀県、三位　神奈川県、四位　福井県、五位　東京都
〔女〕一位　沖縄県、二位　島根県、三位　熊本県、四位　岡山県、五位　長野県

く、元気な高齢者が多いということが特徴だ。

沖縄県を反面教師に？

他方、反面教師ともいえる存在が沖縄県だ。一九九五（平成七）年には男性が全国四位の長寿を誇っていたが、二〇〇〇（平成一二）年には二六位と大幅に順位を下げたのだ。沖縄県では〝二六ショック〟とも呼ばれ、医療関係者は大きな衝撃を受けた。二〇〇五（平成一七）年には二五位と若干持ち直したが、順番が一つ上がっただけで、抜本的に問題が解消したわけではない。沖縄県では都市部の若者を中心に肥満が増えているといわれている。最大の原因は食の欧米化だ。ハンバーガーやステーキ、スパム（ランチョンミート）などの食べ過ぎでタンパク質や脂肪分を大量に摂取するからだ。昔ながらの沖縄料理には豚肉や黒糖などが多く使われているため、健康に良く長寿の一因といわれてきた。在日米軍の影響はこんなところにも出ているのだ。それでも、沖縄県の女性の平均寿命は依然として一位というのはせめてもの救いだ。

実は新潟県の平均寿命は沖縄県と似た状況にある。一九九〇（平成二）年には男性が七位、女性が六位と全国的に見ても長寿の県だったが、一九九五（平成七）年には男性が一七位、女性が一一位、そして二〇〇〇年に

新潟県における死因の分析結果（2006年、全国を100とした比較）

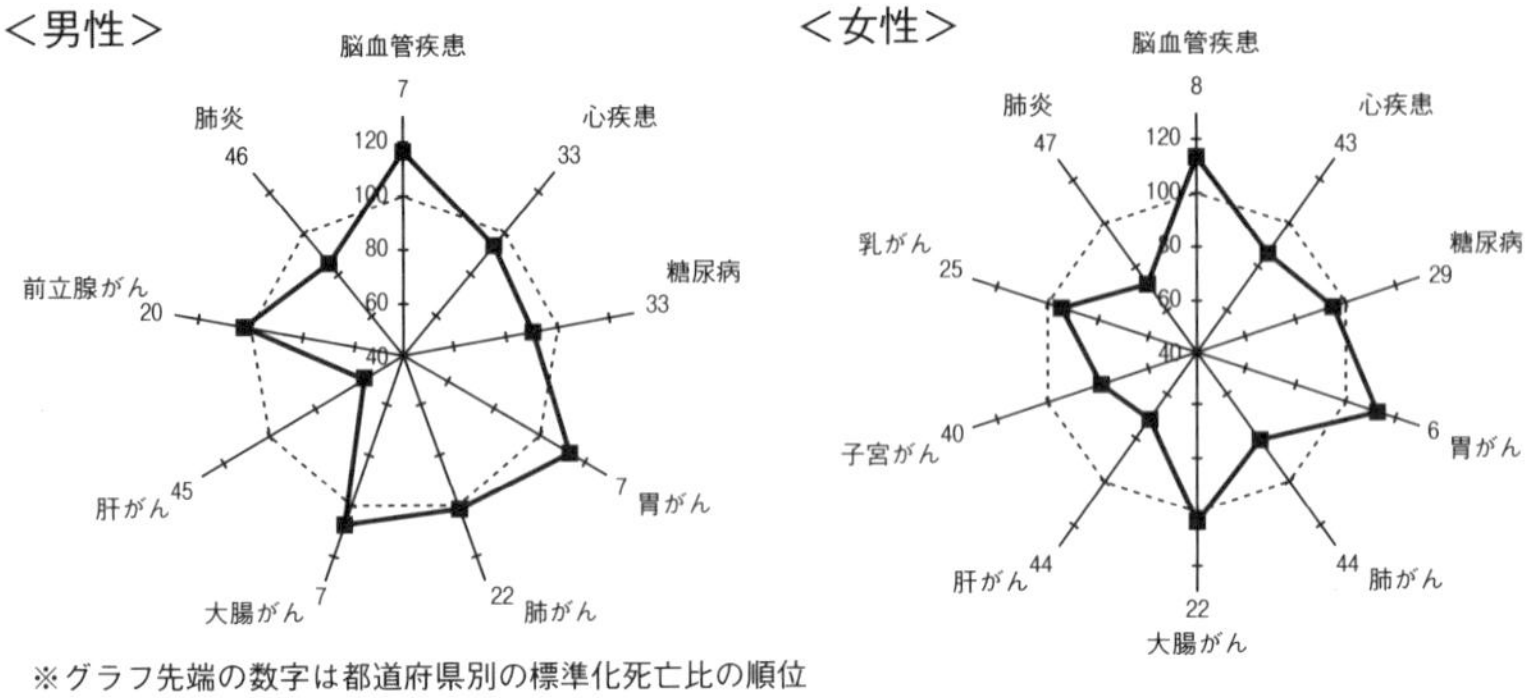

※グラフ先端の数字は都道府県別の標準化死亡比の順位

資料／厚生労働省

は男性は二五位にまで下がってしまった。沖縄県が二六ショックなら新潟県も二五ショックともいうべき状況に陥ったのだった。二〇〇五年には女性は九位と五年前と同じ順位、男性は二三位と二つ順位を上げたが、沖縄県とはわずか〇・一一歳の違いにとどまり、一位の長野県とは一歳以上差をつけられてしまっている。

このまま何もしなければ、新潟県も沖縄県と同じような状況になりかねない。新潟県の男性の場合、脳血管疾患（脳梗塞など）や胃がんによる死因がともに七位と多い。これは、東北各県とも共通性が高いもので、食事に関していえば、塩分やアルコールの取り過ぎが原因の一つとなっている。

地域が高齢化しても、高齢者の多くが元気である限りは決して悲観的になる必要はない。日本全体を見渡せば、それを一番実践しているのが長野県だ。そして残念ながらその対極の状況に陥ってしまったのが沖縄県だ。最近ではＷＨＯが健康寿命という概念を使っている。これは日常的に介護を必要としないで、自立した生活ができる生存期間のことである。単に平均寿命が長いことだけでなく、健康寿命を長くすることが幸せな老後にもつながる。

新潟県も長野県の取り組みを参考としつつ、沖縄県の事例を反面教師として、健康づくりや食生活の改善に行政や関係機関だけでなく、県民の一人一人がもっと関心を持って取り組むべきだ。

外国人住民の増加と地域社会の変化

日本全体が高齢化し、人口減少社会に突入する中で、外国人住民の増加によって地域社会が大きく変容を遂げようとしている。諸外国に比べると外国人住民の割合が比較的低かった日本も、バブル経済真っ盛りの一九九〇（平成二）年に労働者不足を解消するために入管法が改正され、日系三世に定住者としての在留資格が与えられ、外国人住民は増加の一途を遂げた。現在では二二二万人を数え、総人口に占める割合も一・七％となった。近年、外国人住民が多い地域は東海地方など自動車産業をはじめとする第二次産業が盛んなところで、最も外国人住民の割合が高い群馬県大泉町では約一七％となっている。

都道府県単位で見ても、外国人が住んでいる地域には偏りがあり、東京都や愛知県では人口に占める割合が三％に達しているが、青森県や鹿児島県ではその一〇分の一の〇・三％にすぎない。一方、新潟県内に住んでいる外国人住民の数は二〇〇八（平成二〇）年末で一万四四六二人、人口比ではわずか〇・六％で、東北や九州同様、低い水準にとどまっている。また、全国的に外国人住民の数が増加傾向にある中で、県内では二〇〇二（平

注

新潟県の外国人人口（上位五カ国　二〇〇八年）

国籍	登録者数	構成比 %
中国	5,819	39.69
韓国・北朝鮮	2,318	15.81
フィリピン	2,227	15.19
ブラジル	883	6.02
タイ	382	2.61

注
自由貿易協定（Free Trade Agreement, FTA）：物品の関税、その他の制限的な通商規則、サービス貿易等の障壁など、通商上の障壁を取り除く自由貿易地域の結成を目的とした、二国間以上の国際協定。

成一四）年以降増減を繰り返し、その数はあまり変わっていない。国籍別に見ると、中国が最も多く、韓国・北朝鮮、フィリピンと続く。

外国人住民の増加は地域社会に大きな変化をもたらす。大泉町ではブラジルやペルー国籍の住民が多いことから、ポルトガル語やスペイン語に対応できる職員を配置したり、すべての小中学校に日本語学級を設けている。これらの対応策が取れるのも、大泉町は、町内に多くの工場があるため税収が多く、地方交付税もいらない裕福な不交付団体だからだ。

町のごみ収集ステーションには日本語のほか、ポルトガル語などでも注意事項が書かれ、町のあちこちにある看板の多くも同様に日本語とポルトガル語が併記されていて、他の地域とは異なる光景を目の当たりにする。

多文化共生社会の構築

このように、外国人住民の増加は地域社会に様々な影響を及ぼしている。それでは、全国的に見ても外国人住民の割合が低い新潟県にはあまり影響はないのだろうか。これまで述べてきたように、他地域よりも高齢化が進行しているため、介護、医療などの分野での人材不足が懸念されている。既に政府は自由貿易協定（ＦＴＡ）を締結して、インドネシアとフィリピンから看護師や介護福祉士を受け入れ始めていて、新潟県にも、これからは介護、福祉の貴重な人材として外国人が増加することが予想される。

既に外国人住民が増加している地方自治体では多文化共生社会の構築を目指した取り組みが進められている。この多文化共生社会とは、「国籍や民族などの異なる人々が、互いに文化的ちがいを認め、対等な関係を築こうとしながら、共に生きていく社会をいう。すなわち、多様性にもとづく社会の構築という観点に立ち、外国人および民族的少数者が、不当な社会的不利益をこうむることなく、また、それぞれの文化的アイデンティティーを否定されることなく、社会に参加することを通じて実現される、豊かで活力ある社会」（外国人との共生に関する基本法制研究会）とされている。ヨーロッパ諸国の中にはドイツなど外国人住民の割合が一割前後にまで達している国もある。経済活動が国境を越えグローバル化するだけでなく、地域社会の構成員も大きく変容を遂げようとしている。

今後は新潟県内でもこれまで以上に外国人住民が生活することが考えられる。地域社会の多様性を肯定的に捉え、これから高齢化を支える人材として住むであろう外国人を単なる労働力と見なすのではなく、外国人住民も地域社会の一員であるという視点から共生社会をつくり上げる仕組みを今から準備する必要があるだろう。

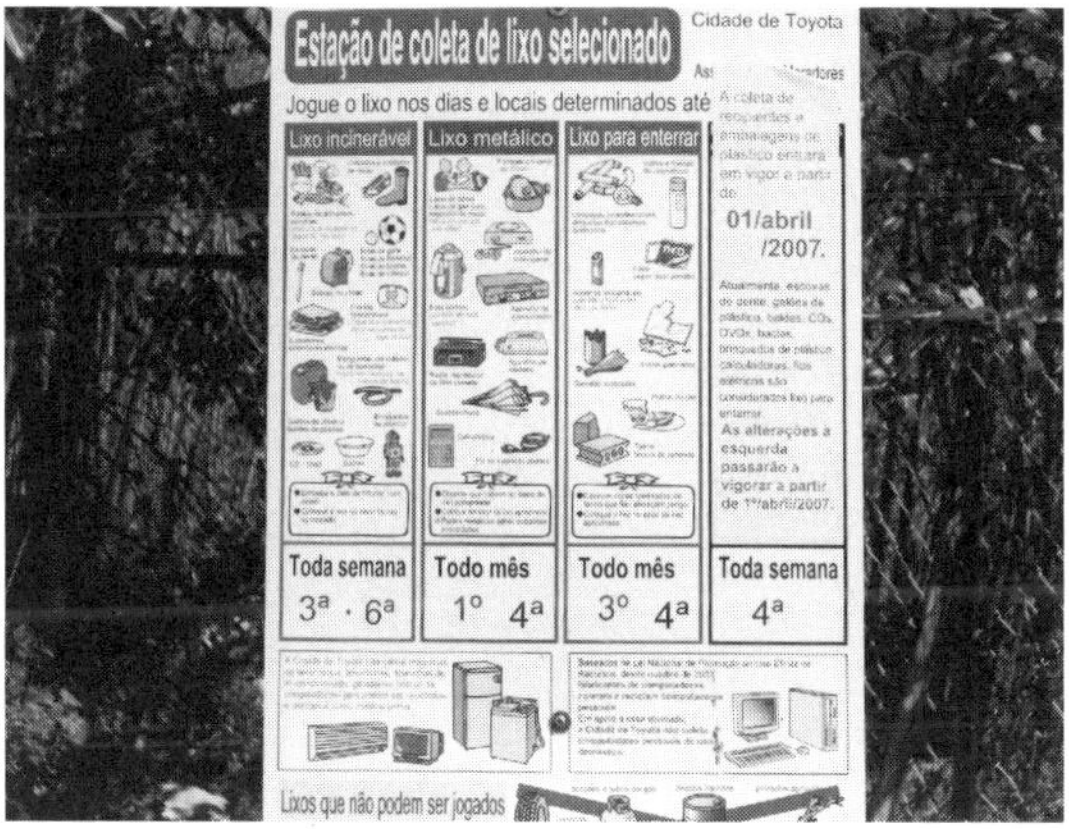

外国人住民のためのごみの分別表
（愛知県豊田市）

注
多文化共生社会の推進を目的として、宮城県や静岡県などで条例が制定されている。

第二章　地球温暖化と新潟

地球温暖化の及ぼす影響

地球温暖化とは、地球表面の大気や海洋の平均気温が長期的に上昇する現象を指すもので、様々な分野への影響が懸念されている。地球温暖化による気温の上昇は、異常気象、海面の上昇、植生や生態系の変化などの自然環境や気象への影響、食料生産や飲料水への影響、強力なハリケーンなどによる物理的な被害や人的な被害といった社会・経済への影響が広範囲に及ぶものと予想されている。

「気候変動に関する政府間パネル（ＩＰＣＣ）」から地球温暖化の現状や最新の知見を取りまとめた第四次評価報告書統合報告書（二〇〇七年一一月）では、

・温室効果ガス排出量が現在以上の割合で増加し続けた場合、二一世紀末の気温は二〇世紀末に比べ四・〇（二・四～六・四）℃、平均海面水位は二六～五九センチメートル上昇する

・熱波、洪水、干ばつによる死亡率の増加、感染症リスクの増加、数億人が水不足に直面、海面上昇による世界の沿岸湿地の三〇％が消失するな

注
気候変動に関する政府間パネル（Intergovernmental Panel on Climate Change, IPCC）とは、国際的な専門家でつくる、地球温暖化についての科学的な研究の収集、整理のための政府間機構で二〇〇七年にノーベル平和賞を受賞した。

一メートル海面が上昇した場合、日本の砂浜は九割消滅するといわれている。もちろん、海面が上昇すれば洪水や高潮のリスクは高くなる

ど私たちの経済・社会活動に様々な悪影響が複合的に生じる可能性があるとしている。

また、環境省による温暖化影響総合予測プロジェクトチームの研究成果によれば、

・影響量と増加速度は地域ごとに異なり、分野ごとに特に脆弱な地域がある

・分野ごとの影響の程度と増加速度は異なるが、我が国にも比較的低い気温上昇で大きな影響が表れる

・近年、温暖化の影響が様々な分野で表れていることを考えると、早急に適正な適応策の計画が必要である

としている。

具体的には、温暖化による豪雨の増加に伴う洪水期待被害額は年間約一兆円で、積雪水資源量の減少は多い地域で二〇億トン以上、一〇〇年後に九州南部で渇水が増加するなどの影響が出ると考えられ、温暖化によってブナ林の分布適域が大きく減少し、代かき期の農業用水が不足する可能性やコメ収量は、北日本では増収、西日本では現在とほぼ同じかやや減少する傾向があり、三〇センチの海面上昇によって失われる砂浜の価値は一兆

注
二〇〇九年の新潟市の平均気温は一五・二度で過去最高を記録した。ちなみにそれまでの過去最高は一九九〇年の一四・九度だった。

三〇〇〇億円とされている。

さらに、気温上昇に伴い、熱ストレスによる死亡リスクの増加や日最高気温上昇に伴う熱中症患者発生数の急激な増加、デング熱媒介蚊（ネッタイシマカ）の分布可能域が広範囲に拡大するなど様々な悪影響が各分野で生じるものと考えられる。

二一世紀末の新潟は東京並みの気温に？

気象庁によれば、この一〇〇年で新潟市の平均気温は一・二度上昇している。一・二度というのはなかなかピンとこないかもしれないが、決して小さな値ではない。例えば冷夏だった一九九三（平成五）年の新潟市の平均気温は一三・二度、それに対して二〇〇七（平成一九）年の平均気温は一四・四度とちょうど一・二度の差がある。ただ、気温の変化は年によって変動があることに注意が必要だ。このため、単年ではなくある程度長い期間で比較した方がいいだろう。

新潟市の一九〇〇（明治三三）年から一九〇九（明治四二）年までの一〇年間の平均気温は一二・四度、これに対して一〇〇年後の二〇〇〇（平成一二）年から二〇〇九（平成二一）年までの平均気温は一四・三度と一・九度も高い。二一世紀に入ってからさらに温暖化のスピードが速まってい

まぶしい陽光に映えるハイビスカス。新潟市が亜熱帯性の気候になると、こんなイメージが現実のものとなるのだろうか（写真／OCVB）

るようだ。

平均気温ではよく過去三〇年間の平均が用いられる。新潟市の二〇世紀末における平均気温として一九七一（昭和四六）年から二〇〇〇年までの三〇年間の平均では一三・五度となる。これが、IPCCの報告のように気温上昇すると最小でも一五・九度、最大では一九・九度となる。つまり、温暖化の進行が一番遅くても、新潟市が今世紀末には現在の東京並みの気温になってしまうことを意味するのだ。そして最悪のシナリオである六・四度の上昇を新潟市に当てはめると、現在の鹿児島県種子島（一九・六度）よりも高くなってしまうのだ。こうなると新潟市が亜熱帯気候になってしまいかねない。ちなみに中間の四度上昇だと現在の八丈島の平均気温と一致する。

もちろん、平均気温だけでなく、最高気温や最低気温、湿度や降水量など様々な要素を組み合わせて考える必要があり、現実はこのように単純にはならないだろう。だが、地球温暖化というのはそれだけ我々の生活に大きな影響を与えるものであるということに国民の一人一人が気づかないといけない問題なのだ。

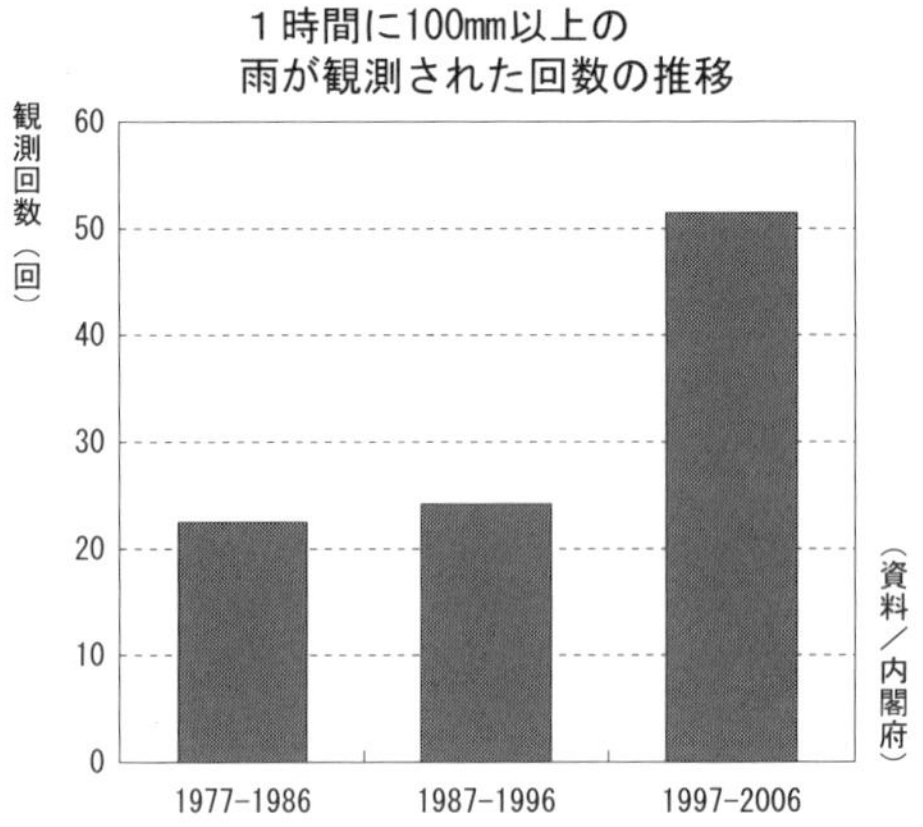

新潟の暮らしはどうなる？

それでは新潟の暮らしはどのようになるのだろう。新潟県によれば、次の点を指摘している。

・海面上昇による砂丘消失の影響

今後、地球温暖化が進行し、これに伴う海面上昇によってほとんどの砂浜が消失の影響を受けると予想されている。具体的には、海面上昇が三〇センチメートルで約五一九ヘクタールが消失し、海面上昇一メートルで約七一三ヘクタールが消失する危険性がある。

・降水量への影響

日本全体で降水量が二〇％増加すると予測され、新潟県も降水量の増加が予測されている。気温の上昇によって、積雪量および雪の蓄積量が減り、冬季の河川水量が増加し、春季の河川水量が減少すると予想されている。

・稲作への影響

地球温暖化による気温上昇が四～四・五度とすると、水稲単収は山形県を除く東北各県ではプラスとなるが、新潟県をはじめ、その他の県の単収はマイナスと予想される。

このほか、温暖化によって降雪量が減り、スキー場などの冬のレジャー

白濁米（シラタ）とは、デンプンの蓄積が不十分な未熟米のことで、文字通り通常の米より白色不透明である。低温日照不足や夏の高温障害などで大量発生につながることが多い。写真の特に白い米が白濁米（写真／新潟ケンベイ）

産業にも影響が出るなど多方面で影響を受けることが考えられる。さらには、ゲリラ豪雨などの増加によって局地的な水害などの災害の増加も懸念されている。それでは、新潟県における影響をもう少し具体的に考えてみよう。

新潟の第一次産業はどうなる？

地球温暖化は様々な分野に影響を与えるが、特に直接的な影響を受けるのが第一次産業だ。農業分野では、新潟が誇る米作への影響が大変懸念される。今後の予測では、九州などでは米作の適地が減少し、いわゆる白濁米の割合が相当程度高まるだろうとされ、一方、北海道や青森県などでは温暖化によって、米作の適地が広がり、米の味も高まるなどして生産地としての優位性が高まるだろう。

新潟県の場合、地域によってその影響はまちまちだが、雪解け水の減少などによって米の質の低下が大きく懸念される。また、温暖化は米以外の作物にも様々な影響を与える。もちろん、それはマイナス面ばかりではなくプラス面もある。例えば佐渡市の羽茂地区では以前からミカンの収穫が可能だったが、酸味が強く商品価値は低かった。しかし、最近では甘くて市場に出荷できるだけのものが生産できるようになっている。

冬場には大勢のスキー客で賑わうゲレンデ。地球温暖化による雪不足がさらに深刻化すれば、このような光景も見られなくなるだろう（湯沢町・岩原スキー場　写真／新潟県観光協会）

温暖化は水産業にも影響を及ぼす。海水温が一度上昇するのは気温が一度上昇するよりもはるかに影響が大きいといわれている。温暖化が直ちに漁獲量の減少を意味するわけではないが、以前は見られなかったような魚が新潟県沖でも取られるようになってきた。このように第一次産業の場合、温暖化は必ずしもマイナス面ばかりではない。ある程度気温が上がることで収量が増える作物や魚もあり、適地となる作物や魚の種類が変わることもあるだろう。対策を講じるというよりは、いかに温暖化に適応していくかがポイントであり、その準備を今から実施すべきだ。

新潟のスキー場はどうなる？

新潟県内で地球温暖化によって最も影響を受けるのはスキー場ではないだろうか。上越新幹線の開通などによって、首都圏から日帰りでも手軽に滑ることが可能となり、一九七〇年代から八〇年代は毎年多数のスキー客が新潟県内のスキー場を訪れるようになった。また、湯沢町は越後湯沢駅があって数多くのスキー場が近くにあることなどから、一万戸を超えるリゾートマンションが建設され、「東京都湯沢町」とまで揶揄されるようになった。

しかし、バブル経済の崩壊とともにリゾート開発は曲がり角を迎えた。

休止中のスキー場。行政が運営していたが、続く不況やスキー人気の低迷から撤退する方針を固めた。また標高の低いスキー場では、近年の暖冬で営業できない日も多い（魚沼市　写真／新潟日報社）

レジャーの多様化の中で、特に若年層のスキー離れはスキー人口の大幅な減少をもたらし、二〇〇〇（平成一二）年以降、閉鎖されるスキー場が相次いだ。国土交通省の調べによれば、二〇〇七（平成一九）年度のリフトの輸送人員は一九九二（平成四）年度の三分の一ほどにまで減少している。

このような凋落傾向に温暖化による雪不足が重なると、現在六〇余りある県内のスキー場の半分程度は早晩閉鎖に追い込まれるのではないだろうか。例えば、上越市高田における、一九八〇年代と二〇〇〇年からの一〇年間を比べると、年間の降雪量も積雪の最大量も半分以下となっている。二〇〇九（平成二一）年度は一二月から二月にかけての大雪によって多くのスキー場が潤ったが、二〇〇八年度のスキーシーズンでは二月下旬から三月上旬に営業を終了せざるを得ないところが数多くあった。スキー場の閉鎖は雇用面など地域社会への影響も深刻だ。

温暖化対策をどのように進めるべきか

温暖化というのは地球規模で進行しているため、国を超えた世界的な取り組みが必要だ。だからといって地域が何もしなくてもいいわけではない。地球規模で考え、地域レベルで行動するというキャッチフレーズ（THINK GLOBALLY, ACT LOCALLY）はまさに温暖化対策のためにあ

新潟県の二酸化炭素排出量の変化
(2007年度と基準年：1990年度との比較)

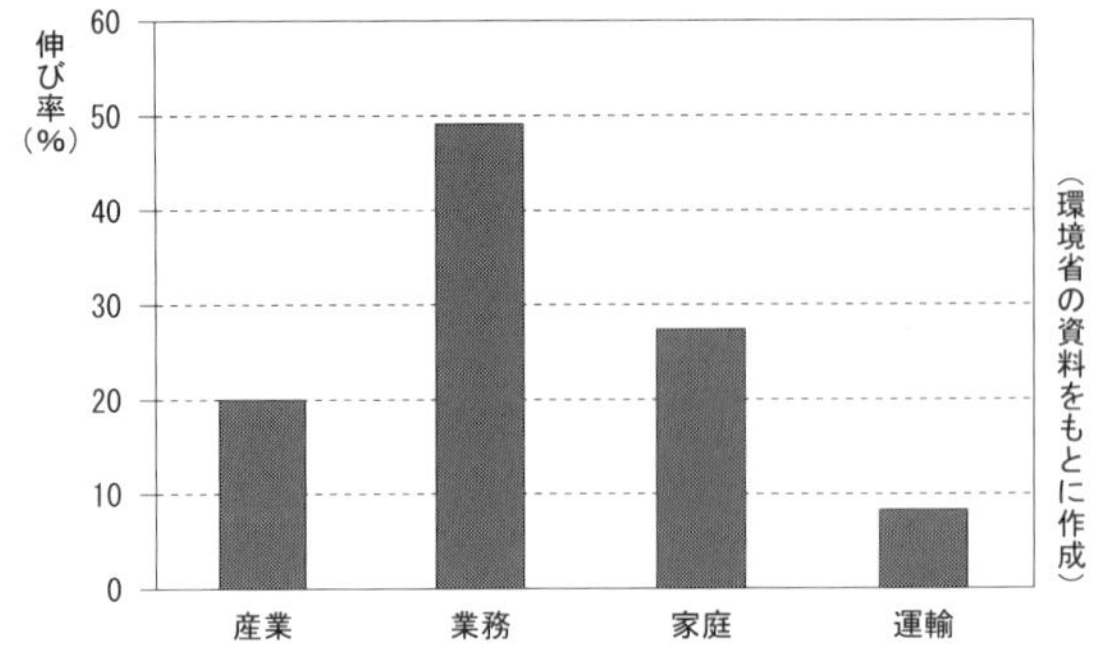

るといっても過言ではないだろう。

それでは、地域レベルで温暖化対策をどのように進めるべきだろうか。既に新潟県や新潟市などでは温暖化対策計画を策定し、その中で温室効果ガスの削減目標などを定め、具体的な取り組み方策を掲げている。例えば新潟県地球温暖化計画では、二〇〇八（平成二〇）年度から二〇一二年度の間の温室効果ガスの排出量を一九九〇（平成二）年度のレベルからマイナス六%の水準にまで引き下げることとしている。

だが、実際の排出量を見ると、相当程度努力しない限り、この目標を達成することはとても無理だろう。しかも、鳩山由紀夫総理大臣は一九九〇年と比べて、二〇二〇年までに二五%温室効果ガスを削減することを世界に約束した。どの分野でも温暖化対策を最優先事項とせざるを得ないだろう。

そもそも、温室効果ガスとは、「京都議定書」で地球温暖化に寄与するとして定められている物質で、二酸化炭素やメタン、一酸化二窒素、フロン類（三種類）の六つで、二酸化炭素が持つ温室効果の強さはこれら六物質では最低だが、量は他を圧倒的に上回っているため、地球温暖化対策といえば二酸化炭素の排出量を削減することといってもいいだろう。

新潟県の場合、全国と比べると、家庭部門と運輸部門の割合が高く、産

全国の二酸化炭素排出量の変化
（2007年度と基準年・1990年度との比較）

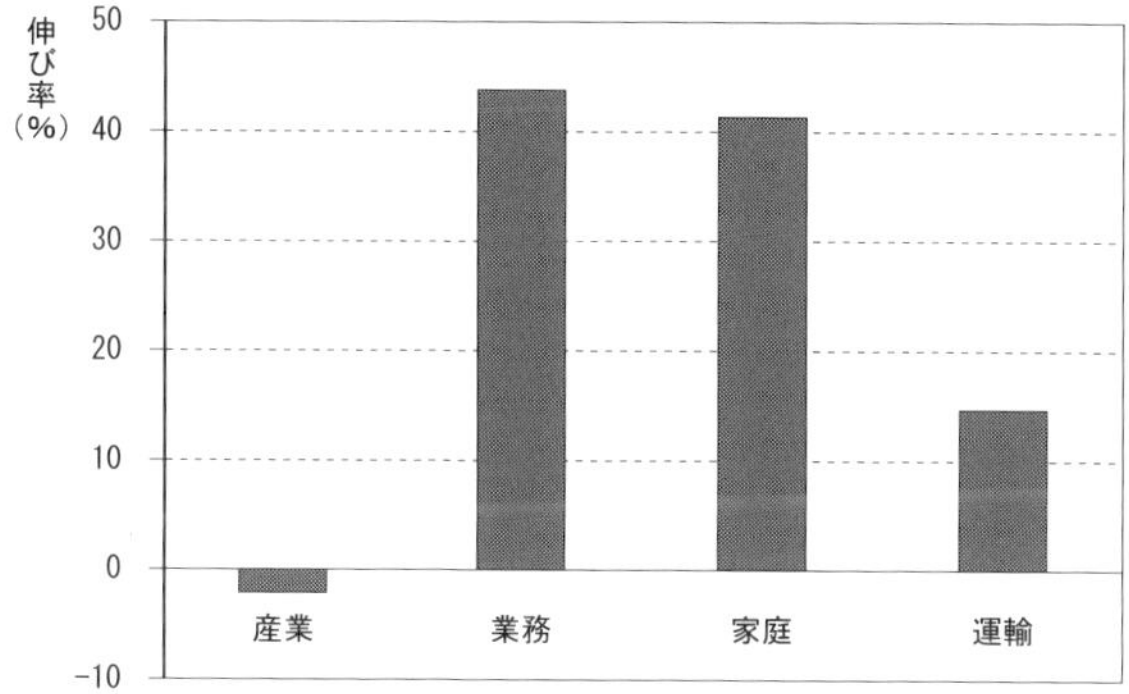

（環境省の資料をもとに作成）

業部門と業務部門の割合が低くなっていることが特徴的だ。例えば、基準年で見ると、全国シェアは家庭部門が一〇%、運輸部門が一七%であったのに対して新潟県ではそれぞれ一四%、二〇%となっていた。他方、産業部門や業務部門の割合は全国の方が高くなっていた。

また、各部門の二〇〇七（平成一九）年度と基準年（一九九〇年度）との比較では、次のようになる。産業部門では、全国ではマイナス二・三%と技術革新などや企業努力によって二酸化炭素の排出が抑制されているのに対して、新潟県では二〇・二%と大幅に増加している。これには新潟県と全国では企業の分野ごとの構成が異なることなどはあるだろうが、県内企業における温暖化対策が不十分であることを意味しているのではないだろうか。

事業所ビル、卸・小売店、ホテル、学校、病院などの建物からなる業務部門については、最も伸びが高く、全国で四三・八%、新潟県では四九・三%の増となっている。全国的にも、そして新潟県内でもサービス産業の温暖化対策は急務である。省エネルギー対策やカーボンオフセット（県民や事業者が削減できない部分の温室効果ガスの排出量を森林整備などの温暖化防止対策に資金を提供し、その排出量の全部または一部を埋め合わせる仕組み）の取り組みを推進することも重要だが、これらのサービスを受

注
市民一人当たり家庭部門の二酸化炭素排出量は札幌市と新潟市が二トンで最も多く、次いで静岡市の一・六トン、最も少ないのが北九州市と千葉市の一・一トンだった。

ける消費者一人一人も考えなければいけない問題でもある。エコバッグの持参や夜間営業への過度の依存を改めることも必要ではないだろうか。
家庭部門については、全国が四一・二%、新潟県が二七・五%と伸び率では全国を下回っている。だが、家庭部門が全体に占める割合は新潟県で一六%と全国を三ポイントも上回っている。それぞれの家庭における省エネをはじめとして、省エネ機器の普及促進や住宅の省エネルギー化の促進など様々な取り組みを着実に行っていくことも必要だ。
運輸部門についても、全国が一四・六%に対して新潟県では八・二%と伸び率では下回っているが、家庭部門同様、シェアは高く二〇%となっている。他県に比べても車社会となっている新潟県ではあるが、公共交通機関を極力使うなどの取り組みも欠かせない。ノーマイカーデーを各地域で設定し、多くの県民が協力することも必要だ。

新潟市は政令指定都市の中で二酸化炭素の排出量が最も多い

新潟県全体で見るとこのような結果となるが、新潟市に限定しても課題は山積している。新潟市都市政策研究所の報告によれば、二〇〇五（平成一七）年における市民一人当たりの二酸化炭素の排出量は政令指定都市（データを集計中だったさいたま市を除く）の中では四番目に多かった。

注
新潟市の自動車分担率は、一九七八年には四一％だったのが、一九八八年には五二％、二〇〇二年には六九・六％と年々増加し、交通手段に占める自動車の割合が高まっている。

だが、上位は千葉市、川崎市、北九州市と多くの工場を有する都市が並ぶ。市民一人当たりの家庭部門における排出量に限定すると札幌市と並んで一番多い。

研究所によれば、理由は三つある。まず第一に政令指定都市の中で住宅の平均延べ面積が一番大きいということが挙げられる。家が広いことによってエネルギー消費も当然大きくなる。

第二に年間の日照時間が短いことが挙げられる。過去三〇年間の新潟市における年間日照時間は一六五一時間、政令指定都市の中では一番短く、一番長い浜松市では新潟市よりも年間五〇〇時間以上も長く太陽の光を享受している。一日当たりでは一時間二三分以上も日照時間が異なるのだ。

第三に、第二の点とも関係するが、気温の寒暖差が大きいことが挙げられる。二月・八月の気温の平年差は札幌市、仙台市に次いで大きい。夏もそれなりに暑いため冷房を使い、冬は寒くて太陽が隠れる日も多いため暖房を使う日が長くなる。この結果、エネルギー消費が多くなるのだ。

問題はほかにもある。市民一人当たりの自動車部門の二酸化炭素排出量は二・五トンで断然トップだ。二位の浜松市より〇・七トン多く、横浜市や川崎市に比べると三倍以上だ。これは人が移動する際に利用する交通手段として自動車を使用する割合を示す自動車分担率が六九・六％とやはり政令指定都市の中で一番高いからだ。新潟市は新潟県と同様に自動車依存型社会であり、残念ながら政令指定都市の中で最も〝地球に優しくない〟都市なのだ。

温暖化への対応策

二〇〇九（平成二一）年一二月にデンマークのコペンハーゲンで開催されたＣＯＰ15では、先進国と途上国の間で大激論が交わされた。国連作業部会では、二〇五〇年までに二酸化炭素の排出量を半減、あるいは八五%、九五%削減するなどの案が出されていたが、コペンハーゲン同意では、結局、「科学の要請に基づき大幅削減」という表現にとどまった。

そもそも、法的拘束力のある新たな議定書の採択が行われなかったこと自体、事実上の交渉決裂だったともいえるだろう。だが、世界は着実に低炭素社会に向けて動きだしている。もはや地球温暖化対策は待ったなしである。しかも、これだけ削減しても気温の上昇は避けられない。我々は単に対応策を実施するだけでなく温暖化に適応する術を身につけなければいけないのだ。

温暖化への対応策に関しては、自動車への過度の依存を改めることやいわゆる省エネの取り組みはもちろんのこと、国や自治体が公共施設へ太陽

注
ＣＯＰ15とは第一五回気候変動枠組条約締結国会議を指す。ＣＯＰは締結国会議（Conference of Parties）の略である。

新潟大学の中央図書館屋上に設置された太陽光発電のパネル。中央図書館の使用電力の約一割を太陽光発電で賄う見通しで、年間七〇〜八〇万円が節減される（写真／新潟日報社）

光発電施設を積極的に設置するなどの取り組みを積極的に行うべきである。特に学校などの教育施設には太陽光発電のパネルの設置を極力行うなどの施策が必要であるが、そのようなハードの施策以上に住民や事業者が温暖化対策に取り組むよう普及啓発を積極的に進めるべきであろう。

また、産業政策としては温暖化がある程度進む前提での施策、特に第一次産業では温暖化に適応していくための品種改良などに、これまで以上に取り組む必要がある。新潟が誇るコシヒカリの高いブランド力がこれから先も維持されるという保証はどこにもないのだ。

いずれにしても、国や自治体、産業界だけでなく、住民や個々の事業者が自らの問題として地球温暖化を捉え、それぞれが取り得る対策や適応策を積極的に実施することが一番重要ではないだろうか。誰でも、自分たちの孫やひ孫の世代が、現在の東京や鹿児島のような平均気温となってしまう新潟で生活することを願ってはいないだろう。そうであるならば、今、県民の一人一人が行動を起こさなければいけないのだ。

新潟地震で倒壊した川岸町（新潟市中央区）の県営住宅。昭石火災、昭和大橋落橋とともに地震を象徴する光景として記憶に残る（写真／中俣正義）

第三章　災害への備え

新潟の災害

新潟県のこの五〇年間を振り返ると、何度となく大きな災害に見舞われていたことがよく分かる。前回、新潟県で国体が開催された一九六四（昭和三九）年には新潟市を中心に新潟地震が発生し、死者二六人を出すなどの大被害となった。新潟市内では、交通・輸送網の寸断や家屋の倒壊、昭和大橋の橋桁の落下や、昭和石油などのタンクが何日も燃え続けるなど大惨事となった。このほか、県営住宅が土台ごとひっくり返ったり、新潟空港が水浸しになるなど液状化現象による被害が各地で起こった。

一九六七（昭和四二）年には下越地方で集中豪雨によって荒川流域を中心に土砂災害が発生し（羽越水害）、死者行方不明者が一三七人に達した。その後も度重なる土砂災害に見舞われ、一九七八（昭和五三）年には妙高市（当時の妙高高原町）赤倉で一三人が、一九八五（昭和六〇）年には糸魚川市（当時の青梅町）の玉ノ木地滑りで一〇人が、翌年の糸魚川市（当時の能生町）の棚口雪崩災害で一三人が亡くなった。

一九九五（平成七）年には関川・姫川水系を中心とした上越地方で七・

発達した梅雨前線の影響で、二〇〇四年七月一三日を中心に続いた豪雨が中・下越地方を襲った。写真は五十嵐川の堤防が決壊し、宅地も田んぼも一瞬にして濁流の海と化した三条市（写真／新潟日報社）

一一水害が発生し、被害額は羽越水害を上回った。また、一九九八（平成一〇）年の八・四水害では新潟市や佐渡市などで記録的な集中豪雨となり、新潟市の中央区や東区、江南区などで多くの地域が浸水するなどの被害が生じたのは記憶に新しい。

このほか、新潟県では豪雪による被害も度々起きている。一九六三（昭和三八）年の三八豪雪や一九八一（昭和五六）年の五六豪雪などでは雪崩や雪下ろしなどの際の事故によって多くの人が亡くなっている。

近年の度重なる災害

このように、新潟県は幾度となく災害に見舞われてきたが、二一世紀に入るとその数はむしろ増えている感すらある。

二〇〇四（平成一六）年には七・一三水害と新潟県中越地震、二〇〇五年には新潟大停電、二〇〇六年には平成一八年豪雪、そして二〇〇七年には新潟県中越沖地震と、新潟県内は大きな災害に立て続けに襲われたのだった。

二〇〇四年七月一二日夜から一三日にかけて、日本海から東北南部に停滞する梅雨前線の活動が活発化し、新潟・福島の両県で豪雨となった。特に、一三日朝から昼すぎにかけて、新潟県の長岡地域、三条地域を中心に

二〇〇四年一〇月の中越地震によって脱線した上越新幹線。幸い横転はなく、対向列車との衝突を免れたことなどから奇跡的に死傷者はなかった。しかし、新幹線の脱線は、史上初めてだっただけに、関係機関はより一層の地震対策強化を迫られた（写真／新潟日報社）

非常に激しい雨が降り、同日の日降水量は、新潟県栃尾市（現長岡市）で四二一ミリ、三条市で二一六ミリに達するなど、この地域一帯でこれまでの最大日降水量の記録を上回った。この結果、新潟県の信濃川水系の五十嵐川、刈谷田川などで堤防が決壊し、多くの人的、物的被害が生じ、新潟県内の死者は一五人、負傷者は三人、住家の被害は全壊が七〇棟、半壊が五三五四棟、床上浸水が二一四一棟、床下浸水が六二〇八棟となった。

　また、同年一〇月二三日午後五時五六分、新潟県中越地方はマグニチュード六・八の大地震に襲われ、川口町では震度七、小千谷市や長岡市では震度六強を記録した。旧山古志村は道路網が寸断されて完全に孤立し、また、走行中の上越新幹線が脱線するなど各地に大きな被害をもたらした。避難指示を受けたのは全村避難を行った旧山古志村の二一六七人を含む三二三一人、避難勧告を受けたのが六万一六六四人、自主避難も含めた避難者の数は一時一〇万人を超えるなど、被害は新潟県中越地方全域に及んだ。被害状況は、死者六八人、重軽傷者四八〇五人、住宅被害は一二万二五五八棟で、そのうち全壊は三一七五棟、半壊は一万三八一〇棟と地震被害では阪神淡路大震災に次いで大きかった。

　最近ではオール電化の家がもてはやされるなど、日常生活に電気はなくてはならない存在だ。だが電気が使えなくなると日常生活は完全にマヒし

二〇〇六年一月の豪雪で、孤立した津南町秋山郷の集落。山あいに点在する民家が、すっぽりと雪に覆われている（写真／新潟日報社）

てしまう。そのことをあらためて思い知らされるのが停電だ。二〇〇五（平成一七）年一二月二二日午前八時すぎ、新潟市などを中心に、最大で約六五万戸に及んだ大規模停電が発生した。全戸で復旧したのは翌日の午後三時すぎで、村上市、阿賀町などの約二万五〇〇〇戸が極寒の一夜を過ごした。東北電力によれば、短時間に一〇本の送電線で暴風雪によって絶縁不良やショートが起きたため停電が大規模かつ長時間に及んだとしている。

私もその日大学にいて、停電を体験した。研究室にあるガスストーブは使えるだろうと思って着火しようとしたが、電気で制御されているため全く役に立たなかった。とても寒い日で風も強く、多くの人が短い時間とはいえ、不便な暮らしを余儀なくされたのであった。

また、その冬の一二月から二〇〇六年の二月にかけて、日本各地は大雪に見舞われた。新潟県内でも津南町を中心に各地が大雪で交通網が寸断され、雪下ろしなどの事故によって一二人が亡くなった。津南町では最深積雪が四メートルを超え、一部の集落は完全に孤立し、自衛隊などが派遣された。

二〇〇七（平成一九）年七月一六日には、新潟県上中越地方を再びマグニチュード六・八の大地震が襲った。柏崎市、刈羽村、長岡市では震度六

中越沖地震で発生した信越本線青海川駅付近の土砂崩れ。中越地震からわずか三年後、再び発生した大地震に新潟県民は大きなショックを受けた（写真／新潟日報社）

強を記録し、柏崎市の中心部では多くの家屋が倒壊し、被害は新潟県内だけで死者一五人、重軽傷者二三一六人、全壊一三三一棟、半壊五七〇四棟、一部損壊は三万六二〇九棟に達した。死者のうち、約四分の三の一一人は七〇歳以上の高齢者で占められていた。

地震はもう起きないか？

このように新潟県はわずか四年間に二度の大地震と水害、大規模停電、そして豪雪を経験したわけだが、それでは、当分大きな地震はないと考えてもいいのだろうか。実際は残念ながらそう楽観視もしていられないようだ。国の地震調査研究推進本部は、二〇〇九（平成二一）年に「全国を概観した地震動予測地図」を作成し、県庁所在都市ごとで今後三〇年以内に震度六弱以上の地震に襲われる可能性について言及している。これによれば、東海地震が懸念されている静岡市が八九・五％と最も高く、全体的に太平洋岸の都市が軒並み高くなっている。新潟市については七・六％と日本海側では福井市と秋田市に次いで高くなっている。つまり、富山市や金沢市、山形市などよりも地震の危険性は依然として高いのが実態だ。新潟県全体では、「越後山脈などの山地や丘陵に比べると、日本海沿岸の平野（越後平野、高田平野、国中平野など）や山間の盆地、河川沿いでは、地

愛知県岡崎市を襲った二〇〇八年の豪雨。一一一〇戸が床上浸水した（写真／岡崎市）

盤増幅率が高く、確率・震度ともに大きくなります」とされている。予測地図を見れば明らかなように、人口が多く集中している地域ほど確率の高い赤い色で塗られている。このように、二度も大きな地震に襲われたからといって当分大地震はないだろうと考えてはいけないということが科学的に明らかにされているのだ。

温暖化・都市化と水害

災害の危険性が高まっているのは、何も地震に限ったことではない。新潟県のように多くの河川が流れているところでは、地球温暖化が水害の危険性を高めていることに気をつけなければいけない。前章でも触れたように、温暖化によって平均気温が高くなるだけでなく、気象の変動が激しくなり、いわゆるゲリラ豪雨という短時間に局地的に多くの雨が降る可能性が高くなっている。実際、一時間に一〇〇ミリを超えるような局地的な大雨によって各地で浸水被害が発生している。二〇〇八（平成二〇）年にも七月から八月にかけての大雨で、金沢市や神戸市、岡崎市などで大きな被害を受けた。特に岡崎市では深夜の一時間に一四六ミリという記録的な降水量となり、河川の氾濫を招いている。

河川の堤防は、過去の災害のデータなどから一〇〇年や一五〇年の間に

注
赤白のストライプ模様に塗装された漫画家の楳図かずおさんの自宅に対して周辺住民が建築中止を求めた申し立ては、東京地裁で却下されている。

一度の確率で降るような大雨を想定して整備が進められているが、地球温暖化はこのような想定を変えてしまうことになりかねない。つまり、これまで一〇〇年に一度の大雨といわれてきた規模のものが三〇から四〇年に一度は起こることを考えなければいけない状況になってきているのだ。結果として治水施設の安全度の低下につながり、また、特に都市部では、都市化に伴い宅地開発や道路の舗装によって保水力が低下し、少しの降雨でも浸水被害が生じる危険性が高まっている。

新潟県内でも八・四水害や七・一三水害など度々水害に見舞われているが、気象変動が激しくなり、局地的な災害の危険性は増している。特に、新潟市内にはゼロメートル地帯が市域の四分の一以上を占めている。全体で一八〇平方キロメートル以上もあるが、これは関東平野や大阪平野にあるゼロメートル地帯よりも広い。西区や中央区、江南区などにゼロメートル地帯が広がり、特に西区にはマイナス一メートル以上の地域が多い。これらの地域では特に水害への備えをしっかりと行わなければいけないのだ。

日本は、実は財産権の保障が手厚い国といわれている。例えば建物に関しては、ヨーロッパは計画なくして開発なしと、いわば「建築不自由の原則」が貫かれ、結果として良好な街並みが保たれているが、日本はそれと

二〇〇九年八月の台風9号による兵庫県佐用町の被災状況。佐用川が氾濫し甚大な被害をもたらした（写真／佐用町）

は逆に「建築自由の原則」で、例え赤白の横じまに塗られた家であっても、地区計画などを作っていない限りは基本的には自由に建築することができる。土地に関しても同様で、住む場所に関する規制は弱い。だが、今後予想される災害を考えれば、住む場所に関する規制を強めるなどの方策が必要になってくるのではないだろうか。そして、個人のレベルでも安全に住めるところなのか、その土地の履歴などをよく調べるなどの防衛策も欠かせないだろう。特に地名については、その土地の状況を示すものも少なくない。それも現在の地名ではなく、過去にどのような地名であったかについても調べておいた方がいいだろう。湿地を埋め立てたとか、盛り土であるといったところは注意が必要だ。

二〇〇九（平成二一）年の兵庫県佐用町で発生した水害のように、普段はほとんど水が流れていないところが大増水し、多数の住民が流される被害も起きている。また、新潟県内の場合、山間部などでは崖の近くに家が建てられているケースも少なくない。コンクリートで頑丈に固めるだけでは災害から逃れられないのではないだろうか。

自助・公助・共助の連携

今後、新潟県内でも地震や風水害などに見舞われる危険性は少なからず

注
新潟県内の自主防災組織率は年々上昇し、二〇〇九年四月には六五・一%になったが、全国平均よりは下回っている。

あるが、いざというとき、我々はどのように行動すればいいのだろうか。災害への対応として、自助、公助、共助という言葉がよく使われる。一般的には、

▼自助「自らの身の安全は自ら守る」という考え方に立って市民一人一人が自らの生命・財産を守るための防災・災害対応活動

▼公助　行政が行う防災・災害対応活動

▼共助　地域全体（隣人同士、自治組織、民間組織など）で行う防災・災害対応活動

とされている。

大きな災害が発生した直後は、特に行政が行う公助だけでは限界がある。それは行政関係者も被災者であり、また、大災害は地域内の人間だけで対処するのが不可能だからだ。まずは、自分の身は自分で守るという自助が中心となるが、高齢者や障がい者などの災害時要援護者については、自助だけというわけにはいかない。七・一三水害でも逃げ遅れた人の多くは高齢者だった。災害発生時に一番重要なのが避難誘導活動で、これを地域の人たちが担うことのできるよう、日頃からの訓練や準備が必要となる。この意味からも自治会や隣近所同士などによる共助の取り組みがとても大切だ。

注

多くの自治体では、地震などの災害時に、社会福祉協議会などが中心となってボランティアセンターを立ち上げ、町内会などの地元と地域外からやって来たボランティアの仲介を行うことにしている。

共助の検証・新潟県中越沖地震のアンケートを中心に

ここでは浜松医科大学のチームによって実施された「新潟県中越沖地震における町内会の活動に関する研究」のアンケートの結果から、実際に行われた共助の活動を検証する。対象者は柏崎市の全町内会長三〇二人であり、郵送による調査を実施し、一六一人から回答があった（有効回答率八六・四％）。

町内会長の活動で大変だった内容で最も多かったのが、「やらなければいけない仕事の多さ」で五三・六％と半数以上の町内会長が感じていた。実際、震災時に町内会長の活動は大変だったと感じていた人の割合も七八・九％に達している。次いで多かったのが「行政など他の機関との対応の困難さ」で三八・三％だった。大災害時には市町村や県、国など様々な機関が総出で活動を行う。多くの町内会では町内会長がほとんど一人で対応したのではないだろうか。このほか、「住民の苦情・要望の多さ」が二八・四％となっている。柏崎市という地方都市でも災害時には三割近くの町内会長が住民の苦情などへの対応に苦慮している。大都市部で災害が起きたときにはさらに多くの苦情が寄せられるのではないだろうか。

一般ボランティアと一緒に何らかの活動をした町内会長は四一・八％と半数以下だった。活動内容については、「住民の困りごとや要望の把握」が

注
柏崎市の避難所では、屋外に仮設トイレが幾つも用意されていたが、その多くが和式であったため足腰の弱っている高齢者は使うことができなかった。

二一・八%で、何らかの活動した町内会長の半数以上がボランティアの協力を得ている。このほか、「体を使う実際の仕事」が一八・八%、「町内の見回り」が一八・四%となっている。

震災時にはほとんどの町内会で住民の安否確認（九二・〇%）が行われ、次いで住宅被害の確認（八五・八%）、住民の困りごとや要望の把握（七一・三%）と続く。一方、避難所の世話（四七・九%）やごみの整理・収集・搬出（四三・三%）、町内の防犯パトロール（四一・四%）、給食・炊き出し（三六・八%）などは比較的少なく、特に家の中の片付け（二一・八%）、救出・救難（一七・三%）、がれきの撤去（一〇・三%）を実施した町内会は少なかった。町民と一般ボランティアとが一緒に何らかの活動を行ったのが六〇・二%で、ごみの整理・収集・搬出と家の中の片付けが二九・五%と最も多く、活動を行った中では半数近くの町内会でこれらの協働活動が行われている。町内会の活動と比べると、この両者のほか、給食・炊き出し、がれきの撤去の割合が相対的に高くなっている。

このように、新潟県中越沖地震では町内会を中心に共助の活動が積極的に行われていたことがアンケート結果からもうかがえる。私も地震が起きた五日後、ゼミの学生を連れて柏崎市のボランティアセンターに向かった。我々に割り当てられたのは避難所の運営の補助だった。仮設トイレや避難所内の清掃や昼食の配膳、各種資機材の搬入などが主な仕事で、最初は慣れない手つきの学生も小一時間もするとてきぱきと作業をする姿は大変心強いものだった。

災害ボランティアとして従事し、あらためて感じたのは水のありがたさであった。柏崎市や刈羽村はほとんどすべての地区で断水し、市民の多くは不便な生活を余儀なくされたのだ。夏の暑い日にシャワーや風呂が使えないのは本当に大変なものだ。そして、炊事、洗濯などもできなくなってしまうから不便極まりない。多くの自治体などからの応援もあって、約半月で水道は全面復旧したが、同様のことが大都市で起こったらそれこそ住民はパニック状態に陥ってしまうだろう。それも単なるパニックではなくハイチやチリのように暴動にまで発展してしまう危険性すらあるだろう。

耐震補強の勧め

新潟県中越地震では大きな被害を受けたが、ほぼ同じ地震規模の阪神淡路大震災に比べると被害ははるかに少なく済んでいる。これは都市部と地方部の違いによるものなのだろうか。

もちろん、そのような側面も否定できないが、東京大学の目黒公郎教授は、『間違いだらけの地震対策』（旬報社）の中でその理由を次のように述

注

克雪住宅には以下の三つタイプがある。

〔融雪タイプ〕
屋根に電熱、温水、温風、ヒートパイプなどによる融雪装置を設けたもの。

〔耐雪タイプ〕
構造部材を太くし、屋根に雪を堆積させるのに十分な構造耐力を持たせたもの。

〔落雪タイプ〕
雪を自然に落下させるような屋根形状とし、敷地内に雪の堆積スペースを設けたもの。

中越沖地震で倒壊した住宅（二〇〇七年七月　写真／新潟日報社）

べている。

①豪雪地帯のため、重い雪に耐えられるよう柱も梁も太い家が多かった
②積雪や地盤の凍結を想定し、大きく強固な基礎の家が多かった
③防寒のため、窓などの開口面が小さく、結果的に壁量の多い家が多かった
④雪下ろしのため、雪の滑りやすいスレートやトタンを材料とする軽い屋根の家が多かった

このように、雪国仕様の住宅が結果として地震に対しても強かったのだ。実際倒壊した建物の多くは老朽化が進んでいたり、一階が店舗や車庫などで開口部が広いものだった。この点は新潟県中越沖地震も同様で、特に一九八一（昭和五六）年の建築基準法改正以前の基準で建てられた建物は要注意だ。

耐震補強費の目安は一平方メートル当たり一万五〇〇〇円ほどといわれている。一〇〇平方メートルだと一五〇万円ほどで済む。耐震補強に関しては新潟県や市町村の助成措置があるが、十分に活用されているとは言い難い状況にある。これは自己負担がかかることや、自分のところは大丈夫という意識が強いのが理由だろうが、車一台分の値段で命の安全が保証されるとなれば決して高い買い物ではないはずだ。特に高齢者だけで暮らしている住宅の場合、老朽化しているものの割合が高くなっているが、都会などで暮らしている子どもたちは、親孝行の意味からもこの程度の補強をしてあげる責務があるのではないだろうか。

中越地震の被害から復旧した県道小千谷長岡線（白岩付近）

災い転じて福となす取り組みを

このように、新潟県では度重なる災害の中で多くのことを学び、また、教訓としてきた。これらのことは他の自治体にとっても大いに参考になることが多く、災害後、一定期間を経過すると全国各地から行政視察が訪れている。

また、災害時に応援に来たことなどを契機に自治体間での交流も深まりつつある。このような動きを一歩進めて、長岡市や柏崎市、三条市など災害で大きな被害を受けた地域を訪れてもらい、災害時の教訓を学び、さらには新潟県の豊かな自然や食、人情に触れてもらう防災ツアーというのを積極的に企画してはどうだろうか。

観光というものはそもそも非日常を体験することがその主眼の一つであることから考えれば、非日常の部分を積極的に残していくというのはある意味当然のことともいえるだろう。そのことは災害についても当てはまるはずだ。

NATO軍の空爆によって崩壊したベオグラードのビル

イタリアのポンペイでは火山の大噴火による被害状況を見せることが一つの観光資源となっている。イギリスのロンドン科学博物館では、一九九七（平成九）年には阪神淡路大震災の被害状況を展示するとともに地震の揺れの様子が体験できるコーナーを設置していた。これは震度四程度の揺れで、我々日本人にとっては大したものではないが、地震がほとんどないイギリスにとってはかつて経験したことがない揺れのようで、多くの来館者が悲鳴を上げながら見学していた。国内でも濃尾地震でできた岐阜県の根尾断層などは一つの観光スポットとして位置づけられている。

中には戦災を観光資源として扱っているケースすらある。私はたまたま、二〇〇六（平成一八）年九月、機会を得てセルビアの首都ベオグラードを訪問した。ここでは一九九九（平成一一）年のNATO軍空爆によって崩壊したビルを解体せずにそのまま保存している。これには政治的な意味合いも少なからず含まれているのだろうが、このビル自体が一つの観光スポットになっている。

これまで述べてきたように、災害時には行政だけでなく地域の力が不可欠だ。新潟県の災害の現場を訪れ、当時苦労した人の話を聞いたりすることで防災に対する意識が高まることが期待できる。自治会単位とか、自治会長のグループ、小中学校、あるいはNPOなど各種団体を対象に学びの

中越地震で被災した長岡市山古志地域の県道の開通を祝い、渡り初めを行う元住民たち。地滑りで崩れ落ちた道路の復旧には、ほぼ三年を要した（二〇〇七年九月　写真／新潟日報社）

旅をしてもらうのだ。最近では国内外で環境や自然について親しみ学ぶ、エコツアーも人気を博しているのでそれなりのニーズは期待できるだろう。

　このような企画を行うに当たってはあまり旅行会社が前面に出てしまうと被災者の方の感情を逆なでしてしまうことにもなりかねないことから、公的な組織が中心となるのがよいのではないか。例えば、関係機関の協働によって、諸災害の研究を進めるとともにその成果や教訓を社会に生かし、安全・安心な地域づくりや防災安全技術・産業の振興に資することを目的として設立された社団法人中越防災安全推進機構などがふさわしい。

　いずれにしても災害復興に関しては、災い転じて福となすといった、ある意味したたかさも必要だ。国内外の人々の防災意識を高める拠点としてのまちづくりを進めるといった発想がもっと中越地方にあってもいいのではないだろうか。

第四章　環日本海交流、波高し

北前船《きたまえぶね》は江戸時代から明治の初めにかけて、日本海沿岸諸港と、上方を結んだ航路で活躍した。西国と北国との間で盛んに交易が行われた（資料／胎内市）

近代以前から海運が盛んだった日本海

日本の歴史を紐解けば、近代以前から日本海側では活発な貿易が行われ、特に中国や朝鮮半島との交流の中心だったことは明らかだ。出雲神話の因幡の白兎の説話などには、現在の新潟県から福井県にかけての古い呼び名である越の国が出てくるし、律令制度が確立する以前から北陸地方の豪族は朝鮮半島との交流を行っていた。

江戸時代から明治初期にかけては、特に日本海の交易が盛んだった。北海道から様々な物資を上方（大阪）まで運ぶ北前船が、日本海を数多く行き来していた。この頃の物流は陸路ではなく海路がメーンで、特に若狭から加賀にかけての地域には北前船で多くの回船問屋が巨万の富を得た。

北前船の多くは佐渡にも寄港し、宿根木はその寄港地として大いに栄えた。日本海を移動したのは物資だけではない。多くの人が行き交う中で文化も伝播した。熊本で生まれたとされるハイヤ節が佐渡おけさとなり、越後追分が北海道に伝わって江差追分になるなど、心の交流も活発だった。

このように、江戸時代に活発だった日本海交易も、明治に入ると次第に

新潟港から出航する満州移民団（一九三七～四四年頃　写真／新潟市）

衰えていった。

日露戦争後、再び脚光を浴びる

日清戦争、日露戦争を経て、再び日本海は脚光を浴びるようになった。これはシベリア鉄道の開通によってウラジオストク経由でヨーロッパと直結することとなり、インド洋経由よりも近いことからウラジオストク航路が重要なものとなったからだ。福井県の敦賀港は対ロシア貿易で第一次大戦前後に大いに栄えた。その後、ウラジオストク港が閉鎖となり、ロシア極東への関心が薄れてくると、今度は満州事変や満州国の建国などによって、満州や朝鮮半島への関心が高まってきた。特に、地理的に近いこともあって、日本海側と満州、朝鮮半島の交易が活発になることが期待されたが、実際には神戸や横浜、大阪など太平洋側の港が中心となり、残念ながら日本海黄金時代の到来には至らなかった。

三たびクローズアップされた環日本海交流

そして、三たび日本海がクローズアップされたのが一九九〇（平成二）年前後である。ベルリンの壁崩壊をきっかけに東西冷戦構造も崩壊していった。日本海の対岸の国々でも、一九九〇年に韓国とソ連が国交を樹立

東西の分断と統合、また冷戦構造崩壊の象徴ともいえる、ベルリンのブランデンブルク門

し、また、同年には日朝国交交渉が開始され、翌年にはソ連が消滅しロシアが誕生するとともに、韓国と北朝鮮が同時に国連加盟を果たすなど、環日本海地域は激動の時代を迎えた。さらに、一九九二（平成四）年には中国と韓国が国交を樹立し、内陸のモンゴルも体制が一変した。

このような対岸地域での激動は日本海側の地域にも少なからず影響を与えた。冷戦構造の崩壊は新たな交流の大きなチャンスでもある。特に経済面での交流は双方に様々なメリットを及ぼすことが期待される。この時期、環日本海交流が熱を帯び、日本経済がまだバブルの余韻を残していたこともあって、各府県が競って交流や提携の構想をぶち上げた。そして、それを後押しするシンクタンクや協議会などが設立され、また、港や空港などの整備も積極的に進められていった。

新潟県の動き

環日本海交流時代の幕開けとともに、新潟県も迅速に活動を展開した。もともと、新潟市がロシアのウラジオストク、ハバロフスクと姉妹都市交流を、中国のハルビンと友好都市交流を行い、また、新潟県自体も、中国東北部の黒龍江省とは一九八三（昭和五八）年に友好協定を締結し、研修生の受け入れや青少年の交流事業を積極的に展開していたという実績が

環日本海経済研究所（ＥＲＩＮＡ）が入る万代島ビルは新潟港の万代島地区にあり、新潟商工会議所やにいがた産業創造機構、美術館なども入る新潟のランドマークである

あったことも追い風となった。

このような状況の中で、新潟県は、周辺県や民間団体とともに財団法人環日本海経済研究所（ＥＲＩＮＡ）を一九九三（平成五）年一〇月に設立した。

ＥＲＩＮＡの設立目的は、北東アジア地域の経済に関する情報の収集・提供、調査・研究などを行うことによって、わが国と同地域との経済交流を促進し、北東アジア経済圏の形成と発展に寄与するとともに、国際社会に貢献することであり、北東アジア地域の経済に関する調査研究や国際会議、セミナー、シンポジウムなどの開催、北東アジア地域における国際研究交流、企業国際交流の促進、研究成果の出版および情報の収集・提供などを行っている。その後、新潟県は中国吉林省と一九九五（平成七）年に友好交流に関する覚書に調印し、また、ロシア沿岸地域との交流を深めるなど環日本海交流を活発化させていった。

ライバル県の動き

環日本海交流に熱心なのは新潟県だけではない。特に隣の富山県は伏木港を核として、経済交流を活発化させようとしている。ＥＲＩＮＡ設立と時を同じくして、富山県は環日本海諸国をはじめとする北東アジア地域と

注
豆満江（トマンカン）は、中国では図們江（ともんこう）とも呼ばれている。

の経済交流を促進するため、一九九三（平成五）年一〇月に環日本海貿易交流センター事業を開始した。その後、機能を一層強化するため、二〇〇四（平成一六）年に財団法人富山県新世紀産業機構の一部門となり、環日本海経済交流センターとして再スタートした。センターは、新たなビジネスチャンスを求めて北東アジア地域ビジネスに取り組む富山県内企業をサポートするための様々な事業を展開している。富山県は東海北陸自動車道が全線開通したことによって、名古屋方面と高速でつながった。東海地方はトヨタなどの自動車産業が盛んであり、ロシアやヨーロッパ方面への輸出港として活用されることも期待されている。

このほか、一九九二（平成四）年には石川県に、北陸環日本海経済交流促進協議会（北陸ＡＪＥＣ＝エージェック）が設立され、秋田県では秋田県環日本海交流推進協議会が設立されるなど、日本海側の各府県は様々な組織を立ち上げ、活動を展開している。

先の見えない朝鮮半島情勢

このように、一九九〇（平成二）年代前半を中心に日本海側の各府県はこぞって環日本海交流に乗り出していったが、その背景に豆満江開発があったことを忘れてはならないだろう。豆満江とは、朝鮮半島東北部と中

注

国連開発計画（United Nations Development Programme）は、世界の開発途上国への支援とそれに対する援助のための国連の機関である。

国吉林省との国境を東に流れて日本海に入る国際河川であり、その河口から上流約一五キロメートルはロシアと北朝鮮の国境となっている。

一九九〇年代、日本海側の自治体や民間団体は、地域活性化策の一つとして、豆満江地域開発を位置づけていた。その意味では、環日本海交流は豆満江開発という北東アジア地域の多国間協力によるバラ色の構想によって弾みがついたともいえるのだろう。この点については、ＥＲＩＮＡのブックレットでも明確に言及されている。

歴史的に見ると、豆満江は中国の日本海への出口だった。このように国境を接する交通の要所における開発構想を打ち上げたのは中国だった。

一九九〇年に中国吉林省長春市で開催された第一回北東アジア経済発展国際会議で、「豆満江―黄金の三角地帯開発構想」が発表された。この開発構想に対しては、国連開発計画（ＵＮＤＰ）が積極的に支援を行ったこともあり、日本海側の自治体の期待も膨らんだが、北朝鮮との国交がないことなどを理由として日本国政府はオブザーバー参加にとどまったこともあり、現在に至るまで十分な成果は得られていない。

日本海横断航路、波高し

このような中で、多くの関係者の期待を集めたのが日本海横断航路だ。

注
ザルビノ港はロシア・ハサン地区トロイツァ湾内に位置して、ウラジオストクよりも中国寄りで、港湾区域は一年中通航することができ、潮の干満差は大きくない。また、東東港は、韓国北東部の江原道にある港で、北朝鮮との国境の近くにある。

これは、ロシアのザルビノ港と韓国の東草港、そして新潟港を国際フェリーで結ぶものだ。特に、ザルビノ港からはシベリア鉄道などを経由して中央アジアやヨーロッパにつながることから国際物流の要になることも期待される。新潟は地理的にも対岸諸国に近く、港湾、新幹線、高速道路のインフラが既に整備されていることから、日本海横断航路が定着することによって、内外の有力企業だけでなく物流会社の進出も可能になるだろう。中国は毎年ほぼ二桁の経済成長を続け、今年には日本を抜いて世界第二位のGDP大国になることは間違いない。ロシアも原油や天然ガスなどエネルギー大国としての存在感が大きくなっている。新たな航路を開設する意義は少なくない。

また、新航路は物流の増加だけでなく、人的交流の増加にもつながることが期待される。韓国、ロシア、中国からフェリーを利用する観光客や買い物客を見込むことができる。

二〇〇七（平成一九）年二月には新潟市をはじめとする関係自治体の長が、航路の早期就航に関して合意書を締結し、韓国に本社を置く北東アジアフェリーが実施主体となったが、関係国による出資の遅れや主導権争いなどによって就航が遅れ、試験運航が行われたのが二〇〇八年の十月だった。その後、二〇〇九年六月に本格就航を行ったが、わずか五往復就航し

新潟市とロシア・トロイツァ、韓国・東草（ソクチョー）の三都市の港をV字形の航路で結んだ北東アジアフェリー。世界的な不況の中、採算ベースに見合う旅客や貨物を確保することが、就航当初からの課題だった（写真／新潟日報社）

て運休となってしまった。表向きの理由は船舶の確保ができなかったとのことだったが、実際は旅客、貨物とも利用が低調で採算ベースにとても乗らないという判断があったのではないだろうか。特にロシア政府が、自国の自動車産業育成を名目に、日本から輸入する中古車に対する関税を大幅に引き上げた影響は少なくないと思われる。実際、ロシアと日本海側の航路は軒並み貨物の取扱量が激減している。

対岸諸国との航路就航を目指しているのは新潟県だけではない。鳥取県では境港市と韓国の東海市、ロシアのウラジオストクと結ぶ航路が就航していて、旅客数はそれなりの実績を得ているが、貨物はほとんど実績がない。また、秋田港や福井県の敦賀港も同様に航路の就航を目指しているが、いまだ実現には至っていない。

日本海横断航路への期待は大きく、各県が競って航路就航に向けて取り組んではいるが、貨物量の少なさや対岸国との思惑の相違などから大変厳しい状況が続いている。このままでは共倒れとなってしまうだろう。

環日本海構想は幻想か？

環日本海構想は、〝裏日本〟の地位に甘んじていた日本海側の各県にとって大変魅力的なものであり、東西冷戦構造の崩壊とともに一気に花開く期

環日本海交流、波高し

待も高かったが、これまで述べてきたように、まさに日本海波高しという状況が続いている。

日本海側がクローズアップされ、対岸諸国と経済交流や文化交流が盛んになることは望ましいことだ。だが、現実には世界同時不況やロシア政府による事実上の日本製中古車の輸入禁止政策など交流の活発化に水を差すことばかりが続いている。さらに不安定なのが朝鮮半島情勢だ。北朝鮮が拉致問題について誠意ある対応を見せ、問題の解決に全力を尽くすことが国交正常化の大前提だ。だが、現時点ではそのような兆しは全くといっていいほど見られない。

このような状況が続いていることを踏まえれば、まずは国レベルの交流ではなく、地域レベルの地道な交流を継続的に行っていくしかないのだろう。

東アジア共同体構想への期待と不安

二〇〇九（平成二一）年八月の総選挙で民主党を中心とした連立政権が誕生し、就任早々、鳩山由紀夫総理大臣は中長期的な目標として東アジア共同体構想を提唱した。東アジア共同体構想とは、日中韓三カ国と東南アジア諸国連合（ＡＳＥＡＮ）で構成する、幅広い連携を目指すものだ。ア

注

EUに今後加盟する可能性がある国として、トルコ、クロアチア、マケドニア、モンテネグロ、セルビアなどがある。

ジア地域の多国間にまたがる経済や文化、環境など様々な分野での協力を積み重ねることで、EUのような開かれた共同体を構築することが最終的な目標だ。

EUとは、それまでの欧州共同体（EC）が、一九九二（平成四）年にマーストリヒト条約（欧州連合条約）を調印して、九三年に同条約の発効とともに改称した国家統合体で、外交・安全保障、経済・通貨、社会の三分野で共同して発展を目指すことを目的としている。既に二七カ国が加盟し、総人口は約五億人で、経済規模も含めて今やアメリカを凌ぐ規模となっている。加盟国の半分以上は通貨をユーロに統一し、二〇〇九年にはベルギーのファンロンベイ首相が初代のEU大統領に選出された。

中長期的にEUと類似した共同体が設立されることは、東アジア地域の安定的な経済成長はもちろんのこと、安全保障などの面でも様々なメリットが期待される。

韓国や中国も基本的には東アジア共同体構想には賛成の立場だ。ただ、中国のプレゼンスが大きくなり過ぎることについて、アメリカなどの懸念も強い。共同体が構築されるためには朝鮮半島の緊張が緩和され、北朝鮮が民主的な国家に生まれ変わることも不可欠だ。いずれにしても、東アジア共同体構想は、地域的には黄海から東シナ海を経て、南シナ海を囲む

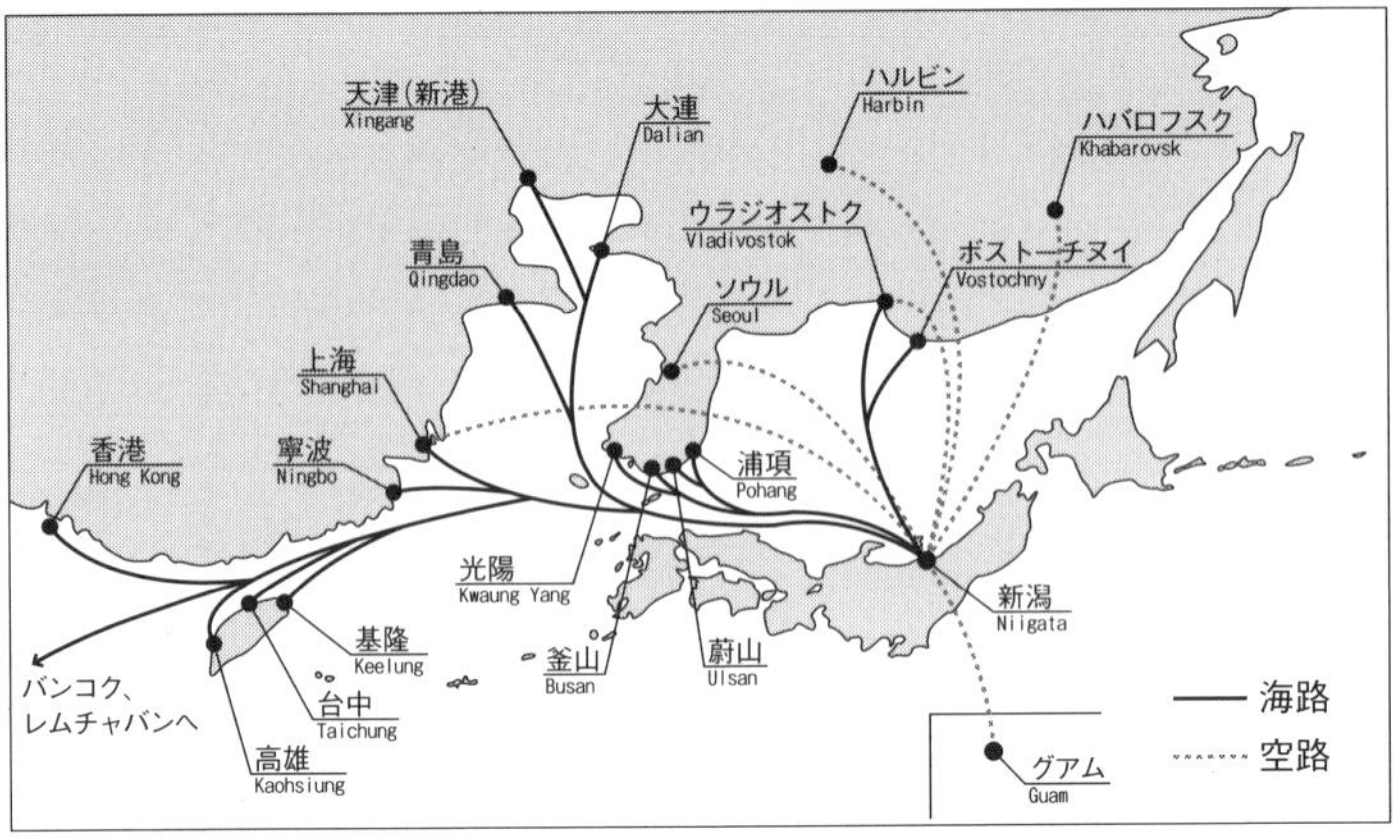

新潟と海外都市を結ぶネットワーク（貨客の定期航路　二〇一〇年三月末現在　新潟港パンフレットなどをもとに作成）

国々が対象となる。その意味では日本海は再び陰に追いやられてしまいかねないとの見方もある。

いずれにしても、環日本海交流については、焦らずじっくりと取り組むことが得策だろう。

新潟医科大学（昭和初期）。一八七一年に設立された新潟医学専門学校は一九二二年に新潟医科大学となり、一九四九年に新潟大学医学部となった

第五章　大学冬の時代

新潟県の教育事情

新潟県の教育事情は、教育熱心といわれる隣の富山県や長野県と比べると事情が多少異なる。実学志向が強く、残念ながら大学進学率は一時期全国最低の水準だった。そしてこれは今に始まった話ではなく、歴史的な側面があることは否めない。

一八八七（明治二〇）年、全国五つの高校の一つとして旧制の第四高等学校（現在の金沢大学）が金沢市に設立された。一八七二年には金沢市は東京、大阪、京都、名古屋に次ぐ五番目に人口の多い大都市で、日本海側最初のナンバースクールができたのもある意味当然のことではあった。新潟も、四高に次ぐナンバースクールの設立を狙っていたが、一九〇〇（明治三三）年、第六高等学校の招致で岡山に敗れ、その後の七高（鹿児島）、八高（名古屋）の設立争いにも敗れてしまった。

このように、高等教育機関の立ち上げに出遅れてしまった新潟県に初めて設立された高等教育機関は、新潟医学専門学校（現在の新潟大学医学部）で、一九一〇（明治四三）年のことだった。

注

ここでいう大学進学者は大学の学部だけでなく、短期大学の本科や大学・短期大学の通信教育部（正規の課程）、放送大学（全科履修生）、高等学校（専攻科）などへ進学した者をすべて加えた者をいう。

出遅れていたのは高等教育だけではなかった。義務教育の就学率は明治初期には全国最下位レベルに低迷していた。ちなみに長野県が全国一高い就学率を誇っていた。

全国最下位レベルからの脱却

このように、戦前の新潟県における教育のデータはお寒い限りのものばかりだった。もちろん、単に進学率の高さだけを比較するだけで教育の質を論じるのは早計ではあるが、戦後も大学進学率の低さが教育界の大きな課題となっていた。一九六九（昭和四四）年から一九七一（昭和四六）年までと一九七四（昭和四九）年から一九七六（昭和五一）年までは全国最低の大学進学率で、その後も下位に低迷していた。一九八六（昭和六一）年から一九八九（平成元）年までの四年間は再び全国最低の大学進学率で二〇％を割り込んでいた。この間、一九六三（昭和三八）年から一九九五（平成七）年までの三三年間は新潟県の大学進学率は常にワースト五に入るという不名誉な記録が続いていたのだった。

もともと、新潟県内には私立大学が少なく、進学希望の学生の数を充足させるには不十分だった。これまでも多くの若者が県外の大学へ進学し、結果として優秀な人材が流出していった。このため、新潟県は政策の転換

大学進学率の推移

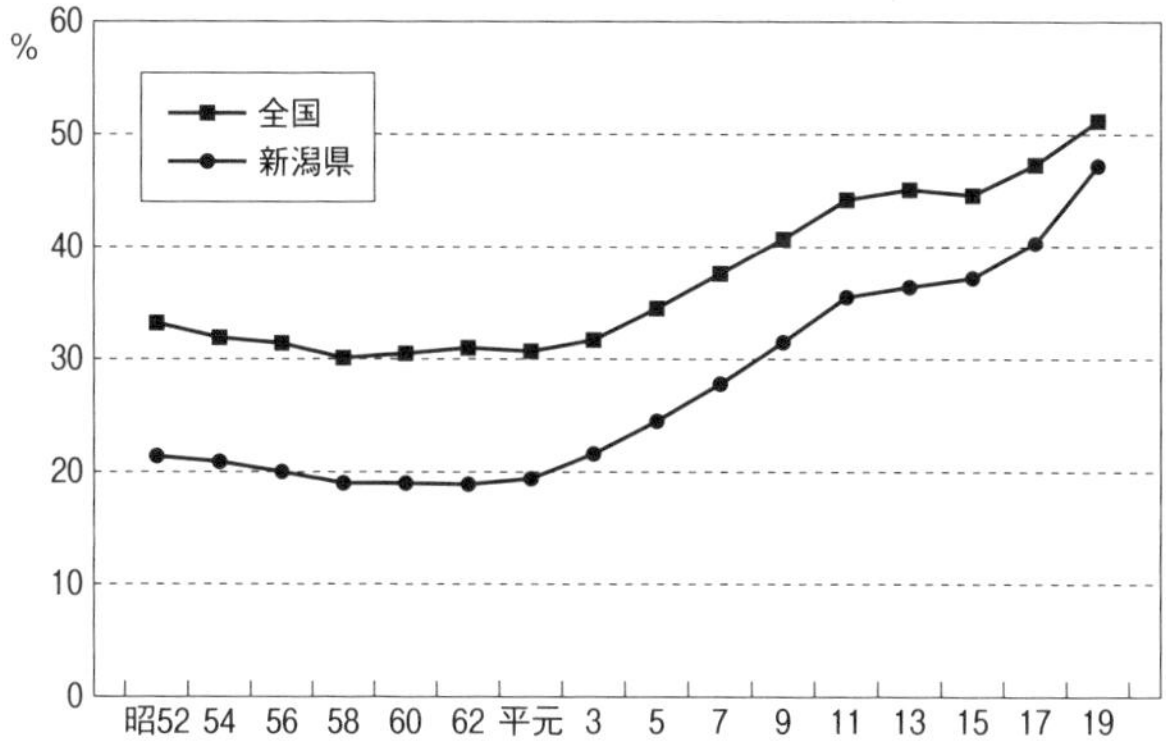

を図り、新設の大学に対して多額の補助金を交付する制度を設けた。これによって、行政が財政支援して建設し、民間の学校法人が運営するという、いわゆる公設民営、あるいは公私協力方式の大学が県内に相次いで設立された。一九九一（平成三）年の敬和学園大学を皮切りに、一九九四（平成六）年には長岡造形大学と新潟経営大学、新潟国際情報大学が、一九九五年には新潟工科大学が開校した。そして、二〇〇〇（平成一二）年には新潟青陵大学が、二〇〇一年には長岡大学と新潟医療福祉大学とわずか十年で八つもの四年制大学が誕生したのである。これらの多くは新潟県や地元市町村からの補助金を建設費などに充てている。中には用地を無償で貸し付けているケースもある。

例えば、新潟市内に開校した新潟国際情報大学は創設費の九〇億円の半分に当たる四五億円を新潟市の、また、新潟県からは二〇億円の助成を受けている。つまり、七割以上の資金が自治体から出されている計算となる。こうなると、実質的には新潟公立大学といえなくもない。

そして、二〇〇二（平成一四）年には新潟県立看護大学が、二〇〇九（平成二一）年には四年制の新潟県立大学が開校し、二〇一〇年には新潟リハビリテーション大学が開校した。新潟県内の四年制大学は昭和の時代にはわずか六つしかなかったのが、この二〇年余りで一七と約三倍になっ

専修学校の進学率の推移

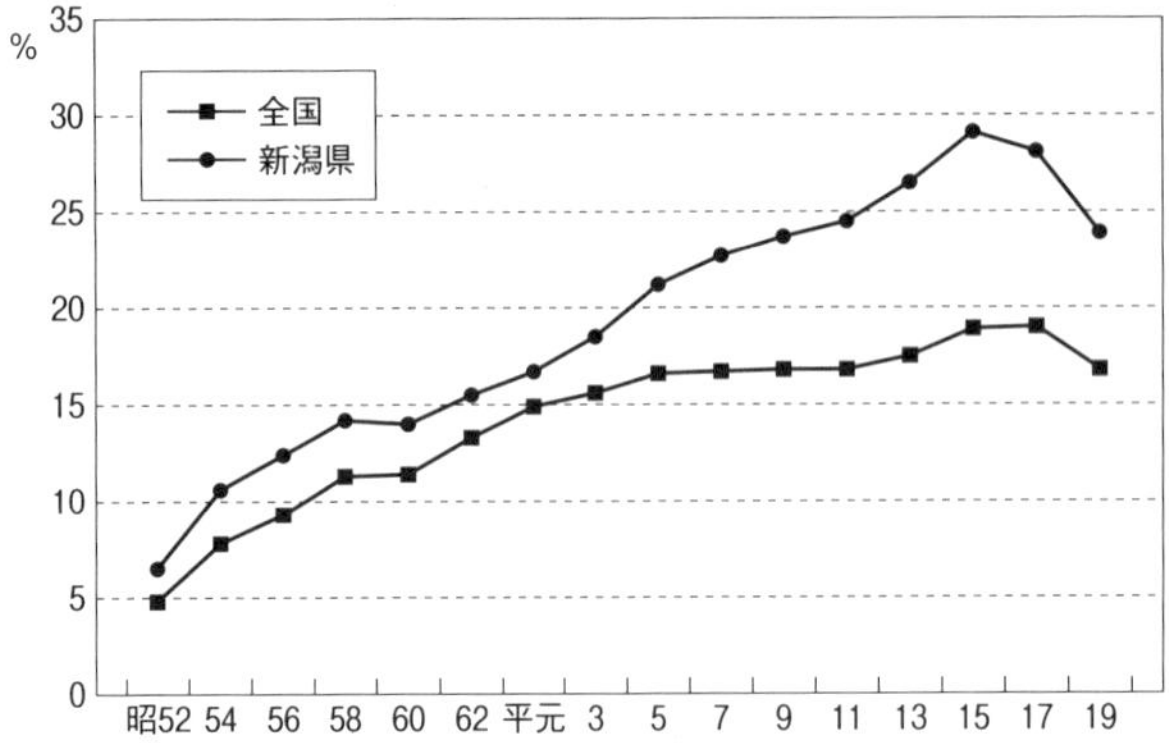

たのだ。このほか、大学院だけの大学として国際大学と事業創造大学院大学がある。

その結果、一九九八（平成一〇）年には新潟県の大学進学率は三〇番台となり、二〇〇八（平成二〇）年は四八・七％と全国の中では二九番目にまで順位を上げている。このように、新潟県の大学進学率は、東北や福岡県を除く九州の県の進学率を上回った。しかし、富山、石川、福井といった北陸三県は一一位から一三位と新潟県の上をいっている。

新潟県における大学進学率が上昇した一因は確かに県内の大学が増加したことが大きい。四年制に限ると、一九九一（平成三）年に県内の大学に進学した県内の高校生はわずか九五八人だった。これが、二〇〇八（平成二〇）年には三二二八人と三倍以上に増加している。他方、県外の大学に進学した数は、三一八六人から六一〇三人と二倍弱になっている。

新潟県の大学進学率が低かったのは、新潟が専修学校王国ということの裏返しともいえる。新潟駅の周辺には専修学校のビルが数多く立ち並んでいる。一九九五（平成七）年から二〇〇七（平成一九）年までの一三年間、新潟県は専修学校への進学率が全国一高く、特に二〇〇三（平成一五）年と二〇〇四年は二九・一％と三割近くに及んでいた。

新潟大学構内のコンビニエンスストアにはカフェテリアが併設され、飲食・勉強ができるスペースになっている。コンビニ世代の学生に合わせたサービスだ

一八歳人口の減少と大学冬の時代の到来

全国の大学進学率も二〇〇五（平成一七）年には五割を超え、専修学校などと合わせると約四人に三人が高校などを卒業後に進学する時代となった。一九五五（昭和三〇）年には短大を含めた大学の進学率は一〇％ほどだったが、その後、私立大学などの設置が相次いだことなどから一九七〇（昭和四五）年に二四％、一九七五（昭和五〇）年には三八％と進学率が上昇し、二〇〇八（平成二〇）年には五五％となった。

二〇〇九年時点ではまだ志願者数は入学者数より多く、いわゆる大学全入時代とはなっていないが、一八歳人口は減少傾向にあることから、ここ数年のうちに全入時代となってしまうだろう。既に競争率は大幅に低下し、大学側も生き残りをかけて、様々な種類の入試や学生サービスを行うようになった。こうなると、高等教育機関としての大学のあり方、特に教育や研究などでの質的な側面が問われるようになる。既に民事再生法が適用された学校法人も出てきているように、今後は大学の倒産が珍しくない状況になるだろう。例えば、東北文化学園大学は学内の様々な不祥事によって民事再生法が適用されたが、山口県の萩国際大学（現在の山口福祉文化大学）の場合は、入学者の激減が主な理由だった。特に、地方の私立大学はここ一〇年ぐらいの間に相当数が再編、統合、廃校などの形で淘汰

注
山口福祉文化大学の前身の萩国際大学については、市内各種団体等で構成された「私立4年制大学誘致実現市民会議」が主体となって、積極的な誘致活動が展開されていた。

されてしまうのではないだろうか。

新潟県内の大学は大丈夫？

それでは新潟県内の大学は大丈夫だろうか。軽々なことは言うべきではないかもしれないが、ここ数年の間に問題が表面化してくるのではないだろうか。既に幾つかの大学では競争率がほぼ一倍という状況になっている。定員を下回っている私立大学も見られるようになった。

先ほど触れた山口福祉文化大学の場合、入学者の減を補おうと多数の中国人留学生を受け入れたが、実際には多くの学生が不法就労を行ったことなどによって国外退去となり、入学者数が大幅に減少して大学の経営が行き詰まり、多額の負債を抱えて民事再生法の適用となったのだった。二〇〇六（平成一八）年にはわずか三人の入学生にまで減少したが、その後は経営母体が変わるなどして一時的には入学者数も増加した。だが、再び経営悪化のため経営陣が変わるなど厳しい状況が続いている。

山口福祉文化大学のように、日本人学生の増加が見込めないので留学生頼みとなり、それが結果として経営を破たんさせたものとしては山形県の酒田短期大学のケースが有名だ。二〇〇三（平成一五）年には最後の卒業生を出し、翌年には解散してしまった。

このような事態が新潟県で起こらないと誰が言い切れるだろうか。県内の私立大学の少なからずが、新潟県など地元自治体の多額の助成を得て開校したという経緯があることにも留意すべきだ。組織としては純然たる私立の学校法人であるが、仮に山口福祉文化大学や酒田短期大学のような状況に陥った場合、自治体は関係ありませんと傍観することはできるのだろうか。

学校法人側からは、設立の経緯もあるので何とか支援をという声が出るだろうし、地元からも同様の要請の声が上がるだろう。支援ということは財政面が中心となるだろうが、それは税金の投入を意味する。果たしてどれだけの住民がそのような政策を支持するだろうか。

新潟県立大学の開学

このような大学冬の時代ともいえる時期に、新潟県は二〇〇九（平成二一）年に県立大学を開学した（県立短期大学の四年制化）。確かに全国的に短期大学の入学者は大幅に減少傾向にあり、まさに生き残りをかけての取り組みではあるのだろうが、既に、岩手県立大学が一九九八（平成一〇）年に、山梨県立大学が二〇〇五（平成一七）年に移行するなど多くの公立短期大学が四年制化している中で、この段階での移行というのは遅きに失

注

新潟県立大学は、国際地域学部と人間学部から構成されている。国際地域学部には定員一六〇人の国際地域学科があり、国際社会コース、比較文化コース、東アジアコースおよび地域環境コースからなる。人間生活学部は、定員がともに四〇人の子ども学科と健康医療学科からなる。

注
法科大学院は国立二三校、公立二校、私立四九校の合計七四校で、定員は五八〇〇人を超えていたが、定員を削減している法科大学院が増えている。

した感もある。

初年度は競争倍率も高く、まずは順調な船出ということなのだろうが、他の大学同様、厳しい環境の中で入学者数を維持するのは容易ではない。新設の四年制大学ができたということは競争の激化を意味する。特に公私協力方式で設立された私立大学の関係者にとっては、複雑な思いがあるのではないだろうか。

法科大学院の落日

大学の学部以上に深刻な問題を抱えているのが大学院だ。その中でも二〇〇四（平成一六）年に鳴り物入りで誕生した法科大学院は今大きな曲り角を迎えている。これまで裁判官、検察官、弁護士のいわゆる法曹三者になるためには最難関の試験といわれる司法試験に合格しなければいけなかった。以前は年間五〇〇人ほどの合格者数で、合格率も二％を切っていた。そこで、司法制度改革の一環として法科大学院（ロースクール）の制度が導入され、二〇一〇（平成二二）年には司法試験の合格者数を三〇〇〇人程度とする目標が立てられたが、これはどうも実現しそうにはない。ロースクールの乱立などによって受験者の質の低下が懸念され、また、弁護士の需要も思ったほど伸びていないからだ。実際、あまり報酬の高くな

注
二〇〇八年および二〇〇九年の新司法試験で三回続けて不合格のために受験資格を失ってしまった受験生の数は八〇〇人を超える。

い国選弁護人となることを求めて弁護士の行列ができることがあるぐらいだ。

一九六〇（昭和三五）年代前半からおおむね五〇〇人前後だった合格者数が増加に転じたのが一九九一（平成三）年だった。一九九九（平成一一）年に初めて一〇〇〇人を超え、二〇〇七（平成一九）年には新旧試験合わせて二〇〇〇人を突破した。

だが、二〇〇九（平成二一）年には前年を下回る合格者数で、合格率も三〇％を切ってしまった。法科大学院の人気も下降の一途をたどっている。新しい司法試験は五年以内に三回受験していずれも不合格だと受験資格を失ってしまう。大学卒業後、二年ないし三年間を勉強詰めで頑張っても合格の見込みが低いのなら希望者が減ってしまうのも致し方ない。

そもそも改革の必要性の理由の一つに欧米よりも法曹人口がはるかに少ないことが挙げられていた。人口当たりの弁護士数はアメリカの一八分の一だ。しかし、日本の裁判件数は過払い金請求を除けばむしろ減少傾向にある。離婚件数も減少気味だ。

確かに弁護士の地域的な偏在など解決すべきことは少なくない。新潟県内にも弁護士がほとんどいない地域もある。だが、供給側の都合だけで合格者数を増やしても需要が増えなければ供給過剰となってしまうのは火を

注
法科大学院などは専門職大学院と呼ばれている。これは、高度専門職業人の養成に目的を特化した課程で、理論と実務双方の教育を行うもので、このほか、会計、ビジネス、MOT（技術経営）、公共政策、教育など多岐にわたる。

見るよりも明らかだ。質と量の両面について法曹のあり方を再検討すべき時期にきているのではないだろうか。

新潟大学の法科大学院も開設当初は倍率も高かったが、合格率が全国平均を下回り続けるなど思うような実績を残せないこともあって、二〇一〇（平成二二）年度から入学定員を六〇人から三五人に大幅に削減した。だが、それでも競争倍率は低下したままだ。新潟大学に限らず多くの法科大学院では定員割れが続いている。全国的な統廃合など抜本的な対策を講じない限りは法科大学院の共倒れとなってしまいかねない。

大学が生き残るために

これまで見てきたように、一八歳人口は減り続け、大学冬の時代は現実のものとなった。特に、公私協力方式の私立大学の比率が他県に比べて圧倒的に多い新潟県にとってはその影響は小さくない。では、大学はどうすれば生き残れるのだろうか。あるいは無理に延命などせず、自然の流れに任せた方が損失は少ないのだろうか。

今後、さらに少子化が進むという前提で大学のあり方を模索するしかないのだろう。もちろん、留学生を増やすというのも一つの手法ではあるが、あくまでも勉学の意欲のある者に限定しなければ、酒田短期大学など

注
福島学院大学福島駅前キャンパスは、旧山田百貨店（その後さくら野百貨店）の店舗を改装したものであり、福島市の助成を受けている。

の二の舞いになってしまいかねない。

大学の本務は教育と研究であるが、これからは地域とのかかわりをこれまで以上に強める必要があるだろう。これまでも市民大学講座のような形で地域に開かれた大学とする試みは様々行われてきたが、その取り組みは十分なものとは言い難い。

全国的に見ても、大学生き残りの策としての大きな流れとして、社会人を再教育する、リカレント教育にもっと力を入れるべきだというものがある。

社会人のための教育に力を入れるのであれば、大学側の努力は今以上に必要だ。市内の交通の便がいい空き店舗（例えば大和デパートの跡）に大学のリカレント用の教室を確保するなど、地域の活性化に資するような視点で取り組むべきである。同様のことは既に福島市などで行われている。

福島市は他の地方都市同様、中心市街地の空洞化が大きな問題となっている。このため、一九八三（昭和五八）年から空き店舗となっていた旧百貨店の建物を取り壊すことなく改修し、福島学院大学の福島駅前キャンパスとして二〇〇六（平成一八）年にオープンしている。この事業に対しては、福島県と福島市が支援を行い、福島学院大学も様々な地域貢献の取り組みを行っている。

市民を対象とした無料聴講の講座などの公開講座や、地元企業などと連携し、企業のスペシャリストが講義を行う人材寄付講座などを開催し、リカレント教育の場を積極的に提供するとともに、図書館の一般開放や商店街が実施するイベントへの会場提供も行っている。

特に、あえて校内に食堂を設けず、学生と教員が街中で食事をとることで地元商店街の活性化に貢献しようという取り組みは注目に値する。この場合、学生にも配慮し、サラリーマンの食事時間帯と重ならないように講義時間を調整するとともに、地域連携お食事券（割引券）を配布するなどの環境整備にも努めている。

このような取り組みは、新潟市でも、長岡市でも、上越市でも参考になるだろう。若者を都市の中心に呼び戻すという観点からも産学官が連携した取り組みを今すぐにでも始めるべき時期に来ているのではないだろうか。

このほか、地元企業との共同研究や農林水産業への技術支援など、大学が積極的に取り組むべき分野は多い。「象牙の塔」としての地位に安住できる時代は終わったのだ。大学が地域とのかかわりを積極的に模索していかなければ、地方大学の存立は危ういものとなる。また、大学の撤退は地域社会に様々なマイナス要因を与えてしまうことになる。

大学と地域が相互に知恵を出し合い、両者にとってメリットがもたらさせるよう、いわゆるＷＩＮ・ＷＩＮの関係を構築することが鍵となるだろう。

注
初代観光庁長官は新潟県出身の本保芳明氏であったが、二〇一〇年一月にJリーグの大分トリニータ社長だった溝畑宏氏が就任した。

第六章　正念場を迎えた新潟の観光

新潟県は全国有数の観光地

二〇〇八（平成二〇）年一〇月に観光庁が発足し、政府は海外からの観光客を二〇二〇年までに二〇〇〇万人にまで増やそうという計画を立てている。これに対して前原誠司国土交通大臣は、もっと高い目標設定を掲げ、二〇一九年には二五〇〇万人、将来的には三〇〇〇万人を呼び込むことを表明した。今や、観光産業はサービス産業の中でも中心的な存在となった。観光産業はホテルや旅館のみならず、レストランや食堂などの飲食業、バスやタクシーなどの運輸業、食品卸売業などと関連が深いすそ野の広い産業で、特にこれといった基幹産業が見当たらない地域では、観光産業にかける期待も少なからぬものがある。

新潟県は佐渡島や数多くの温泉地を抱える全国有数の観光地といわれ、年間七〇〇〇万人以上の観光客が訪れている。また、二〇〇九（平成二一）年には新潟県観光立県推進条例が施行されるなど、新潟県も観光産業の育成に並々ならぬ力を入れている。

注

多くの観光地はバブル期に観光客数のピークを迎えている。その後減少に転じているが、冷静に見れば、バブル期前の水準に戻ったにすぎないということがいえるだろう。

観光客の減少が与える地域への影響

新潟県の観光客の推移を見ると一九九三（平成五）年から一九九六（平成八）年までは増加し、八一八〇万人にまで達したが、その後減少に転じ、二〇〇四（平成一六）年には新潟県中越地震が起こったこともあって、年間の観光客数は六六〇〇万人台にまで落ち込んでしまった。一九九〇年代後半以降は景気の低迷もあって、全国的に観光客数は減少傾向にあった。特に東京近郊の有名な温泉地では、名だたる老舗旅館が経営に行き詰まり、あるところは閉館に追い込まれ、あるところは外資系の資本に買収され、地域社会にも大打撃を与えている。栃木の鬼怒川温泉や静岡の熱海温泉などはその代表例といえるだろう。

新潟県内でもバブル経済の崩壊後、新潟中央銀行の破たんに伴い新潟ロシア村、柏崎トルコ文化村が相次いで閉園に追い込まれ、また後に述べるように佐渡島の入り込み客が落ち込むなど観光客が減少し、地域へも暗い影を投げかけた。

ところで、我が国の観光客の集計結果に関しては、統一した基準がないために信憑性が低いと指摘されていて、ここで示したデータも必ずしも正確なものではない。都道府県によって調査手法が異なり、また、年次によっても手法が変わることもあって、同一都道府県内でも比較できない場合がある。いずれにしても、現時点では単純に都道府県が公表しているデータ同士を比べても客観的な比較にはならない。例えば、二〇〇二（平成一四）年の県外からの観光客数は京都府が四九二六万人、大阪府が六一五万人、大分県が三八四八万人、宮崎県が四八八万人となっているが、大分県を訪れる県外客が大阪府の六倍以上、宮崎県の八倍近くと単純に結論づけることはできない。特に宮崎県の場合は、他県の多くが延べ人数でカウント（例えば佐渡島と月岡温泉を訪れた観光客は二人と重複計上）しているのに対して、実数でカウントしているため少なめになっている。

現在、観光庁などで観光統計の客観性を高める取り組みを行っているが、比較可能なデータとなるにはもうしばらく時間がかかりそうだ。

注
観光庁では、二〇〇八年、二〇〇九年に新潟県と岡山県で観光統計の整備のための調査を行い、共通基準を作成した上で二〇一〇年度に都道府県観光統計を実施することにしている。

巻き返しの年だった二〇〇九年

新潟県では、〝食〟をテーマとした「新潟デスティネーションキャンペーン」や、直江兼続が主人公となるNHKの大河ドラマ「天地人」の放送、一九六四（昭和三九）年以来四五年ぶりに開催された「トキめき新潟国体」、三年に一度開催されるアートの祭典「大地の芸術祭」など、新潟県を全国にPRする絶好の機会が重なる二〇〇九（平成二一）年を、「新潟県大観光交流年」と位置づけ、新潟を県内外に広く発信する取り組みを進めた。おそらく、これだけ集客力が見込めるイベントが立て続けに行われたのは過去にもなかったことだろう。それだけ新潟県をはじめとする関係団体の力の入れようは並々ならぬものだった。これらのイベントのうち、デスティネーションキャンペーンは、「デスティネーション（目的地・行先）」＋「キャンペーン（宣伝活動）」という意味の合成語で、地元の市町村や観光関係者とＪＲグループが協力して実施する大型観光キャンペーンのことを指している。新潟デスティネーションキャンペーンは新潟県だけでなく庄内地方ともタイアップして一〇月から一二月までの三カ月にわたって展開された。

　デスティネーションキャンペーンや国体の開催などによって、二〇〇九年の県内への観光客は七四九三万人と前年に比べて六・八％増加した。しかし、問題はこれからである。キャンペーン期間中は首都圏を中心に新潟県の観光に関して大々的なＰＲが行われてきたのだから、観光客が増えてある意味当然だろう。都内の主要駅などには新潟の観光キャンペーンポスターが所狭しと掲載されていた。

　新潟県の観光産業にとってこれからが正念場となるのだ。

注
デスティネーションキャンペーンは自治体単独のものとしては京都市が最も多く、新潟県は七回目で二番目に多い。

注
佐渡の観光客は特に夏場の減少が著しい。一九九一年には四五万人だったのが二〇〇七年には一九万人と六割近く落ち込んでいる。このほか、県外からの観光客も九三万人が三五万人と大幅減になっている。

新潟県の観光をめぐる諸課題～佐渡を例に～

このように大々的なキャンペーンが新潟県内で繰り広げられたが、それでは、新潟県の観光をめぐる諸課題としてどのようなものがあるだろうか。ここでは、新潟県の一大観光地である佐渡島を例に挙げることとする。

佐渡島は東京駅から新潟駅まで新幹線で約二時間、佐渡汽船に乗り換えて、ジェットフォイルだと一時間で行けることもあって、一泊ないし二泊での手軽な観光ツアーが人気で、一九八〇年代には数多くの観光客で賑わっていた。一九九一（平成三）年には佐渡島への観光客数が一二三万人を記録したが、その後は減少の一途をたどっている。バブル経済の崩壊後、佐渡島への観光客の減少は著しく、最近ではピーク時の半分以下の水準になってしまった。

それでは、佐渡島へ観光客がこれだけ減少したのはどのような理由によるのだろうか。その理由は必ずしも明らかではないが、次のようなことが考えられるのではないだろうか。

・佐渡島には様々な観光地があるが、観光客が何度も訪れようと思うところが少ないのでは？

・佐渡島の宿泊施設は団体旅行向きなのが多いのでは？

二〇〇八年から放鳥されたトキは自然の中でもたくましく生きる姿を見せている（写真／新潟日報社）

・佐渡島まで、あるいは島内の交通費が高いのでは？
・佐渡島の隠れた観光スポットなどの情報が島外にあまり届いていないのでは？

実際、佐渡島にはガイドブックにあまり出ていないような隠れた観光スポットも多数あり、これらをもっと情報発信することも必要だろう。また、団体旅行よりも家族や友人同士での旅行が主流となっている中で、佐渡島は依然として団体旅行向きのホテルが多く、また、施設も他の観光地に比べて老朽化が目立つ。地元の観光関係者の少なからずはいまだにバブル期に経験した成功体験に引きずられて団体客中心のやり方から抜け切れていないのではないだろうか。

佐渡島の観光地についても、ガイドブックで詳しく紹介されているところの多くは一度訪れれば十分と考える観光客も多いのかもしれない。しかも佐渡島までの交通費は決して安くはない。新潟市から両津までのジェットフォイルの通常料金は往復で一万円を超えることもある。団体の場合は各種割引などによってこれほどはかからないだろうが、個人客にとっては大きな出費だ。

一方、せっかく佐渡空港があるにもかかわらず、現時点では定期路線が一つも飛んでいないという由々しき事態に陥っている。同じ離島でも隠岐

注
例えば、利尻、大島、隠岐、対馬、福江（五島列島）、種子島の各空港の滑走路はすべて一八〇〇メートル以上である。

では大阪便や出雲便があり、壱岐や対馬、五島列島も同様に航空路線が確保されている。お金をかけても往復の時間はあまりかけたくないという志向の観光客には対応できないのも課題の一つだ。この点は、滑走路（現在八九〇メートル）の延伸ができないことが大きな影響を及ぼしている。

現在、この延伸問題が大きな岐路に立たされている。佐渡市は用地取得のために地権者から同意を得ることや、県が一九九三（平成五）年に示した価格と現在の評価額の差額を負担することなどを表明した。だが、用地を時価で取得するのは公共事業の大原則であり、下落分を補填《ほてん》することがまかり通れば、その影響は全国に及ぶ。結果としてごね得を助長しかねず、また、税金を投入するだけに、地権者以外の島民から理解が得られるかも疑問だ。

だが、佐渡市の対応を非難する前にこの問題の本質を冷静に考えてみたい。佐渡空港は第三種空港で県が管理する施設である。あくまで県が責任を持って整備すべきものであることは言うまでもない。実際、一九九三年当時は県職員が用地交渉に当たっていた。当時から既に時価をはるかに上回る価格を提示し、地権者に期待を持たせてきたのは県である。

それを今になって地元の佐渡市に押しつけるのは責任転嫁以外の何ものでもない。法外の高値で交渉していて、いまさら時価しか負担しませんと

佐渡空港の現行の滑走路（八九〇メートル）では、一〇人乗り程度の小型飛行機しか発着できず、滑走路延伸は佐渡市の悲願だ（写真／新潟日報社）

いうのはいただけない。

これだけ長期化し、なお拡張が絶対に必要だというのであれば土地収用など強硬手段を検討することもあり得たはずだ。県の〝放置行政〟であったことは明らかだ。

佐渡島は、新潟空港との路線が廃止されたことによって空路がないという全国的に見ても極めてまれな離島である。滑走路の拡張は離島振興そのものである。離島への基本的なインフラ整備の義務を放棄するような県であってはならない。羽田路線の足非に結びつけるのもおかしな話である。二〇一〇年一月、県議会で佐渡─羽田空路構想の関連議案が反対多数で否決されたのは、ある意味、当然のことではある。

地権者の同意の取得だけでなく、同意が取れなかった場合の対応を、県よりもはるかに財政規模も小さく財政力も弱い佐渡市に求めたこと自体フェアではなく、チキンレースを仕掛けているようにさえ感じられる。

何よりも重要なのは県が離島振興という原点に戻って、空港拡張に対する自らの責任を果たすことだ。

このように様々な課題がある佐渡の観光ではあるが、トキの自然放鳥など集客数を増加させ得る明るい話題も少なくない。今後は佐渡の自然や歴史資源をうまく生かし、比較的少人数の観光客にターゲットを絞った取り

ミシュランガイドで二つ星を獲得した大野亀。初夏に一帯に咲き乱れる黄色いユリに似たトビシマカンゾウは、佐渡島内と山形県の一部でしか見られない、貴重な植物だ

組みが有効ではないだろうか。

また、レストランを星の数で格付けすることで世界的に有名なミシュランの観光ガイド、『ミシュラン・グリーン・ガイド・ジャポン』では、新潟県内で佐渡島が唯一、一つ星を得た。その中で町並みとしては両津、真野、小木が一つ星となり、根本寺、佐渡金山、小木民俗博物館も同様だ。さらに二ツ亀・大野亀がその絶景から二つ星を得ている。ちなみに、三つ星は「必ず見るべき」、二つ星は「とても面白い」、一つ星は「面白い」観光地とされている。これらの評価はフランス人の視点からのものだが、ミシュランで高い評価を得た観光地には海外からの観光客が数多く訪れる。

例えば金沢市は、市自体が二つ星となり、兼六園が三つ星を得るなどの評価となったこともあり、海外からの観光客が増加している。佐渡島でも、星を得たことを契機に海外からの観光客の受け入れ態勢を充実することが必要となる。そのためには宿泊施設や飲食店、お土産店などで外国人へのもてなしがしっかりとできるような取り組みが欠かせない。

新潟県の観光の顔は何か？

新潟県の観光について考える場合、何が観光の顔となるのか、なかなか思いつかない人もいるのではないだろうか。例えば、宮城県なら松島、岩

新潟の味覚の「顔」として取り上げられることが多くなった南蛮エビ

手県なら平泉、栃木県なら日光と有名な観光地の名前がすぐに挙がってくるだろうし、香川県なら讃岐うどん、仙台市なら牛タン、宇都宮市なら餃子と食べ物の名前が浮かんでくるところも少なくない。新潟県の場合はまずは佐渡島ということになり、食べ物関係ではやはりおいしいご飯に日本酒、さらには新鮮な魚といったところだろうか。

最近では新潟県の観光ポスターなどで南蛮エビが取り上げられるのを目にすることがある。確かに佐渡島沖で取れる南蛮エビは身も大きく美味ではあるが、観光の顔としてのインパクトはいかばかりだろうか。同じ魚介類でもカニやカキ、伊勢エビなどを扱う専門店は結構あるが、南蛮エビの専門店はほとんどないだろう。糸魚川市では南蛮エビを地域の顔としようとする動きはあるが、少なくとも新潟市内の繁華街で南蛮エビを大々的に宣伝している飲食店を見かけたことはない。これでは、せっかく南蛮エビを楽しみに新潟を訪れた観光客はがっかりしてしまうだろう。無難ではあるが、むしろ、米やお酒といった昔から新潟の顔として全国区になっているものを観光の顔として前面に押し出した方がまだ分かりやすく効果的だろう。やはり四番バッターははっきりしていた方が宣伝もしやすいだろう。その上で、ノドグロや南蛮エビ、寒ブリといった魚介類やのっぺ、黒埼茶豆やカキノモトなどの郷土色豊かな料理をうまく組み合わせてPRす

水と土の芸術祭で人気を博した通称「バンブーハウス」。信濃川のやすらぎ堤に屋外展示された（新潟市中央区　写真／新潟日報社）

べきだ。

水と土の芸術祭を振り返る

新潟市は二〇〇九（平成二一）年に水と土の芸術祭を開催した。これは十日町市で三年に一度開かれている大地の芸術祭の新潟市版ともいえるもので、信濃川、阿賀野川に挟まれて育まれてきた水と土の文化を全国に発信するために、市内全域での美術作品展示など様々なプロジェクトを実施したものだった。

このイベントをめぐっては、当初から予算計上に対して市議会が慎重な姿勢を見せるなど様々な動きがあった。確かに芸術や文化は一定の集客力があるものであり、市民にとってもメリットは少なくないだろう。その一方で、現代芸術に対しては、行政がどれだけ支援すべきかについては意見の分かれるところだ。特に地方財政が厳しさを増している中で、一自治体が継続的に支援するということになればなかなか市民の理解も得られないだろう。約五億円の市予算が投入されているだけにイベントの検証も必要だ。横浜市の開港博のように有料施設の入場者数が予想を大幅に下回り、イベントのあり方が問われ、前市長の責任が追及されるケースすらあるのだから、この点は透明性の高い手続きでしっかりとやるべきだ。

海外からの観光客を迎える新潟空港（国際線ロビー）

新潟市は、フランスのナント市と姉妹提携したことを契機に四月にクラシックの祭典「ラ・フォル・ジュルネ」（熱狂の日）を開催する。東京や金沢でも開催されていて、二〇一〇（平成二二）年のテーマは生誕二〇〇年のショパンだ。

現代芸術の次はクラシックということのようだが、いくら文化創造都市を打ち出しているからといって、もう少し的を絞って実施すべきではないだろうか。

海外からの観光客を増やすために

観光のターゲットは国内の旅行客だけでなく、海外からの旅行客にも熱い視線が注がれるようになっている。政府の動きに呼応するかのように、各自治体も海外からの旅行客を誘致するために積極的な活動を行っている。特に韓国や中国、台湾、香港といった東アジア地域は、経済発展が目覚ましく、海外旅行の需要も高まっている。その中でも中国人の個人旅行が一部解禁となったことは大きなインパクトがある。

日本海側の道府県も競って海外からの旅行客の誘致を行っている。新潟空港は韓国、中国さらにはロシアとの定期航空路線があることから、他地域に比べて有利な条件を備えているが、地域間競争が激しくなっているだ

客船から鬼太鼓を鑑賞する外国人観光客。日本独特の伝統芸能は、海外からの客に人気だ（佐渡市写真／新潟日報社）

けに積極的な誘致策が不可欠となっている。

韓国や台湾から日本を訪れる観光客の中には、日本でゴルフやスキーを楽しむ人も少なくない。その意味では新潟県にも地の利があるが、東北、北海道などが強力なライバルとなる。そのため、食などで差別化を図るなどの戦略が欠かせない。

また、新潟県に限った話ではないが、ホテルやレストラン、交通機関などにおける海外からの観光客への対応には課題が多いといわれている。言葉の面が最も大きな問題であるが、メニューなど最低限英語版を用意することは単に旅行客向けだけでなく、外国人住民が増加していることからも当然対応すべきことではある。

新潟県が海外からの観光客を増やすに当たっての課題の一つに案内表示の不親切さが挙げられる。観光客への案内表示に関しては福岡県などが先進的な取り組みを行っている。地理的に近いということもあって、以前から韓国や中国からの観光客の受け入れに積極的で、街中の看板にはハングルや中国語の併記が目立つ。また、ＪＲ九州は車内放送では、日本語、英語のほか、やはりハングルや中国語も使っているが、ＪＲ東日本ではそこまでの取り組みは行っていない。

都市ごとに見ても、例えば新潟市は山形市に比べても取り組みが遅れて

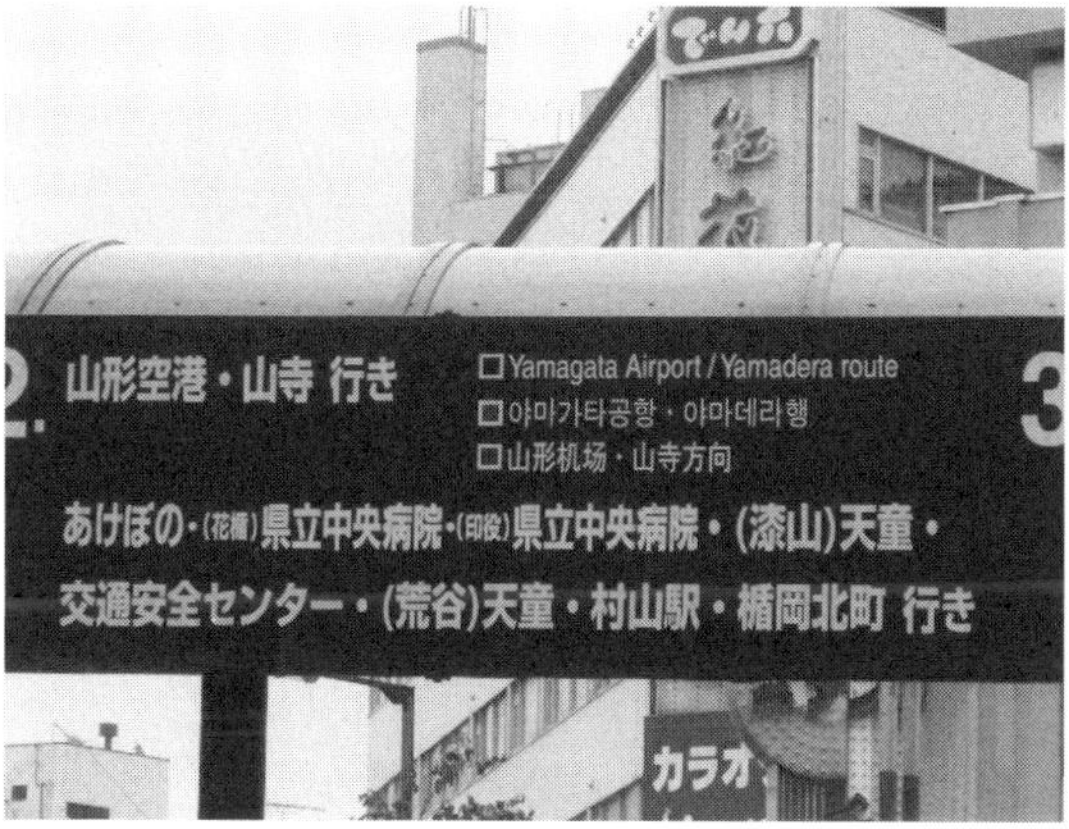

山形市のバス停車場の看板。英語、韓国語、中国語も併記されている

いる。山形市では、駅前や市役所などのバスの主要な停留所には、英語だけでなく、中国語やハングルによる行き先表示がされている。残念ながら新潟市ではそこまでの取り組みは行われていない。

人口減少社会の到来とともに、国内の観光客の大幅増が見込めないだけに、海外からの観光客への期待は大きいものがある。景気の動向や円高などの影響を直接受けるだけにリスクはあるが、海外からの観光客へおもてなしの心を持って接することが観光産業のみならず、多文化共生社会の構築にもつながるのだ。

冬、北西から強い寒風が吹き込むと、ブリの大群が両津湾に逃げ込み、大量に水揚げされる。冬に取れるブリは寒ブリと呼ばれ、脂が乗っており、高級魚として取引されている（佐渡市　写真／新潟県観光協会）

第七章　B級グルメは新潟を救う？

新潟の食をめぐる諸課題

食は新潟の観光にとって大きな魅力となるものではあるが、課題も幾つか見え隠れしている。全般的に豊富な海の幸、山の幸に恵まれ、食のレベルとしては全国的に見ても高いものだという評価は誰も否定しないだろう。実際、新潟のおいしい食べ物を食べるためだけに訪れる観光客も少なくない。

しかし、素材の良さに満足しきっているだけでは他の観光地との激しい競争に勝ち抜くことはできないのではないだろうか。数は必ずしも多くはないと思いたいが、素材の良さを売り物にはするものの、味付けや盛り付けなど料理としての工夫に欠けているお店もある。このようなお店は残念ながら新潟の食に対する評価を下げている。どうもコシヒカリと日本酒、日本海で取れた魚を出しておけば観光客はみな満足すると勘違いしている店もあるのだろう。残念ながら、上等な魚の多くは東京の築地市場に出荷されている。佐渡の寒ブリなども例外ではない。素材の良さにあぐらをかいていては、他地域から後れを取ってしまいかねない。

一方、最近では高価な料理などのいわゆるAクラスのグルメよりも、ご当地グルメ、あるいはB級グルメと呼ばれる庶民的な食が多くの人の関心を呼び、観光の目玉として期待する地域も増えている。拙著『B級グルメが地方を救う』（集英社新書）では、B級グルメを「値段は安めでその割には結構美味な、庶民的な食べ物」として、具体的には千円札でお釣りがくるぐらいの食べ物と定義している。また、野菜や肉、魚など地域の特産品を素材に使ったものも多く、B級グルメは地域の文化や歴史を色濃く表した〝ソウルフード〟ともいえるようなものばかりである。B級という言葉に違和感を覚える人もいるようだが、これは決して質が劣っているとか、味がいまひとつという意味ではない。庶民性を強調するためにあえて、AではなくBという称号が付いているのだ。単にご当地グルメと称してしまうと高級品からB級グルメまでいろいろと入ってきてしまう。すなわち、下関のフグも佐渡の寒ブリもご当地グルメではある。このようなものと区別する意味でも庶民的なご当地グルメをB級グルメ、あるいはB級ご当地グルメと呼ぶのが定着している。

具体的には宇都宮市の餃子や静岡県富士宮市の焼きそば、香川県の讃岐うどん、静岡市のおでん、長野県駒ヶ根市のソースかつ丼、北海道室蘭市の焼き鳥など何十年もの歴史を持つ老舗のB級グルメから、北海道北見市

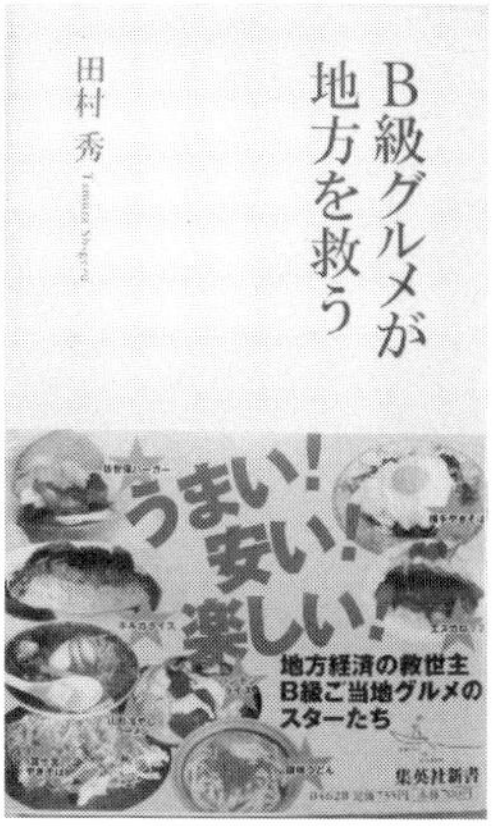

『B級グルメが地方を救う』（集英社新書）

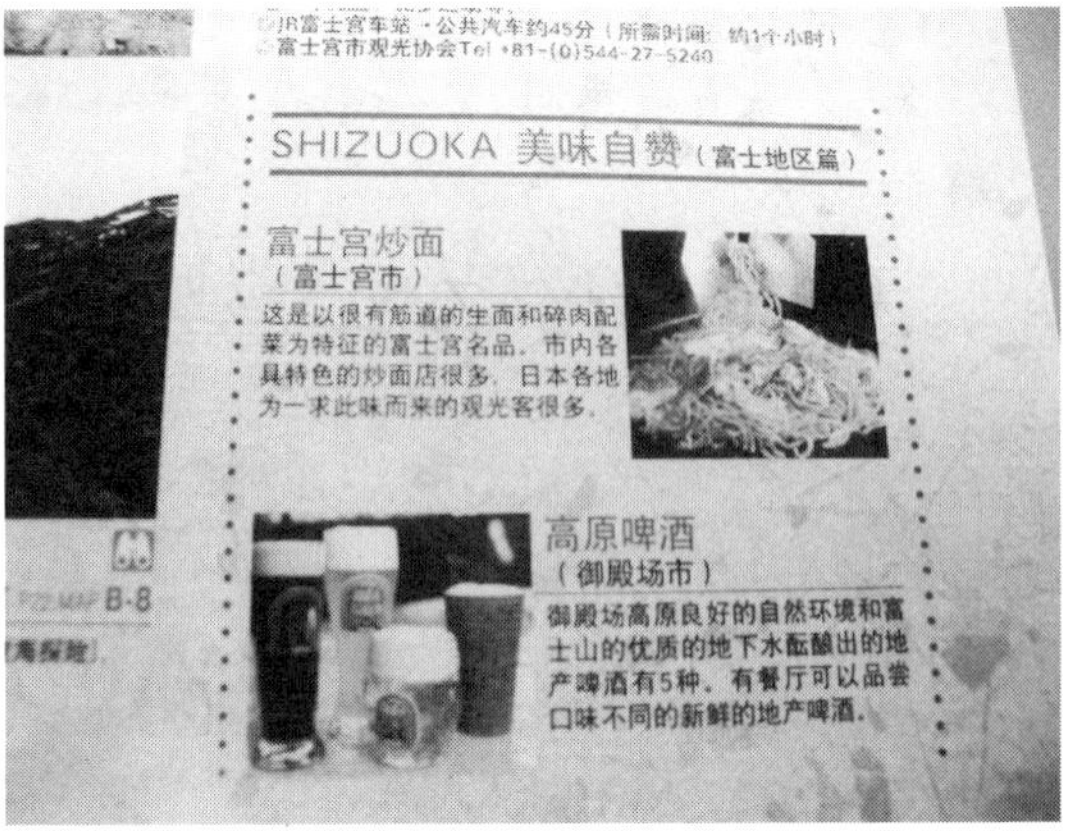

静岡県の海外向け観光パンフレット。地ビールと一緒に富士宮やきそばが紹介されている

のオホーツク北見塩焼きそば、茨城県龍ヶ崎市の龍ヶ崎まいんコロッケ、神奈川県湯河原町の坦々焼きそば、秋田市の秋田かやき、北海道白老町の白老バーガー&ベーグルなど地域振興を目的にここ数年の間に誕生したB級グルメも数多くある。

今ではこのようなB級グルメを重要な観光資源として位置づけ、積極的にPRする自治体が増えているが、新潟県内では他県に比べると全般的に動きが鈍かった。例えば、新潟観光コンベンション協会が作成した「新潟グルメガイドブックようきなった」の二〇〇八（平成二〇）年度版では、新潟市の飲食店が数多く掲載されているが、新潟のたれかつ丼や若鳥の半身揚げ、究極のB級グルメともいえるイタリアンについては全くといっていいほど触れられていなかった。また、新潟ラーメンについてもときめきラーメン万代島のお店が紹介されていたにすぎない。だが、他県は既にB級グルメを重要な観光資源として積極的に活用している。例えば静岡県の海外向けの観光パンフレットには、桜エビやお茶、新鮮な魚とともに静岡おでんや富士宮やきそばを紹介している。長崎県でも佐世保バーガーや島原のちゃんぽんを取り上げている。今や、海外の観光客にとって、歴史的建造物や文化遺産だけでなく、日常生活に根差したものが観光資源となっている。アニメや秋葉原は言うに及ばず、B級グルメも海外からの注目を

今ではすっかり有名になったB―1グランプリ。開催地には全国から大勢の来訪者で賑わう

集めつつあるのだ。

だが、今のところ、新潟県も新潟市も観光パンフレットに掲載しているのは高級品がほとんどだ。

B級グルメを全国区にしたB―1グランプリ

目を全国各地に転じると、毎週のように食に関するイベント、それもB級グルメを中心としたものがあちこちで開催されている。その中でも代表格がB―1グランプリだ。

B級グルメの名前を全国区にしたのがB―1グランプリだ。今やB級グルメの登竜門となっているが、主催しているのは「B級ご当地グルメでまちおこし団体連絡協議会」（通称：愛Bリーグ）で、「B級ご当地グルメで、地域から日本を元気にする」を理念に二〇〇六（平成一八）年に結成された。加盟している団体は四〇を超え、地域の支部まで結成されている。だが、新潟県のB級グルメは今のところ加盟していない。

第一回は二〇〇六年二月に八戸市で開催され、最初はわずか一〇団体の参加だった。来訪者の人気投票の結果、第一位に輝いたのが富士宮やきそばで、二〇〇七年六月に富士宮市で開催された第二回で二連覇を達成した。二〇〇八年一一月に久留米市で第三回のグランプリが開催され、厚木

B―1グランプリでは全国のB級グルメの「猛者」が集まり、人気を争う。競わせることがイベントを盛り上げる鍵となる

シロコロ・ホルモンが初優勝を果たした。

二〇〇九（平成二一）年の第四回は九月に横手市で開催され、目玉焼きを載せた横手やきそばがグランプリに輝いた。二日間の開催中過去最高の約二七万人が横手市を訪れ、地域の活性化に大きく貢献している。今年は第三回の覇者、シロコロ・ホルモンが全国区となった神奈川県厚木市で開催される。

なお、B―1グランプリを主催している愛Bリーグでは、安くて、うまくて、地元の人々に愛されているものをB級ご当地グルメと定義している。

全国各地でB級グルメのイベントが

今や全国各地でB―1グランプリのテーマ版や地域版が開催されるようになった。二〇〇七（平成一九）年からは全国七カ所のご当地焼き鳥（美唄市、室蘭市、福島市、東松山市、今治市、長門市、久留米市）が一堂に会する「やきとリンピック」が開催されている。また、全国から個性あふれるカレーが横須賀市に集結する、華麗なる食の祭典・よこすかカレーフェスティバルは、今年で一二回目を迎えるB級グルメに関しては老舗のイベントだ。おでんの全国イベントも静岡市のしぞーかおでんフェアや小

埼玉B級ご当地グルメ王決定戦。こちらは埼玉県内のB級グルメの祭典だ

田原市で開催されるおでんサミットなど様々だ。

やきとりやカレー、おでんといったテーマ別のイベントもあれば、都道府県などの地域別のB―1グランプリも盛んに開催されている。その先駆けとなったのが兵庫県の「兵庫県ご当地グルメサミット」だろう。二〇〇五（平成一七）年にホルモンうどんで有名となった佐用町が中心となって企画し、今では県内各地のB級グルメが集まる一大イベントとなっている。

埼玉県もB級グルメに火がついた地域の一つだ。二〇〇七（平成一九）年に行田市で第一回「埼玉B級ご当地グルメ王決定戦」が開催され、埼玉県内のB級グルメが勢ぞろいし、深谷市の煮ぼうとうが人気投票で第一位となった。埼玉では年に二回のペースで決定戦が行われていて、第二回と第四回ではさいたま市の豆腐ラーメンが、第三回では開催地川口市のキューポラ定食がグルメ王の栄冠を勝ち取った。

二〇〇九（平成二一）年一一月には秩父市で開催され、過去最多の二一市町村から二三のグルメが参加し、私も来賓として参加した。秩父駅前の商店街で開催され、あいにくの天気にもかかわらず多くの来訪者がお目当てのB級グルメのブースの前に長蛇の列をつくった。グルメの購入者による投票の結果、ふかしたジャガイモを天ぷらにして甘みそをからめる、昔ながらのファストフードといった趣のある秩父のみそポテトが第一位となった。

このほか、神奈川県では県内外のB級グルメが集う神奈川フードバトルが開催され、静岡県では富士山静岡空港の開港を記念して全国静岡グルメスタジアムが開催されるなど、全国各地でB級グルメのイベントが花盛りだ。

新潟タレかつ丼お店マップ（市民団体　新潟市青年連絡会議「うますぎタレかつ軍」発行）

新潟のB級グルメ

このように、景気の低迷ということもあってここ数年B級グルメに注目が集まっている。それでは、新潟のB級グルメはどうだろう。まず、新潟市内ではイタリアンやタレかつ丼、若鳥の半身揚げ（カレー味）が挙げられるだろう。全国的に個性豊かなカツ丼（あるいはかつめし）を地域の特産として情報発信しているのは、福島県会津若松市（ソースカツ丼）、長野県駒ケ根市（ソースカツ丼）、兵庫県加古川市（かつめし）などがあるが、新潟のタレかつ丼はこれらに勝るとも劣らない一品だ。しかし、カツ丼マップなどが作製されていないことなどもあって、他の地域に比べると情報発信量では明らかに劣っていたが、「うますぎタレかつ軍」によってマップが二〇〇九（平成二一）年九月に作製され、タレかつ丼を応援する動きが活発化しつつある。B級グルメの大特集を行った日経トレンディ二〇〇

カレーラーメン食べ歩きマップ（三条飲食組合「カレーラーメン部」発行）

九年六月号では、原宿にある新潟県のアンテナショップ「表参道・新潟館ネスパス」の評価の中で、「イチ押しの鮭親子丼は満足度低め」とされている中で、新潟タレかつ丼膳の方がご当地グルメ度が感じられると紹介されているぐらい、評価されているものだ。

同誌の中では、鹿児島県が最高の評価で三つ星、秋田県、宮城県のアンテナショップが二つ星となっているのに対して、新潟県は一つ星と残念ながら低い評価になっている。一一〇〇円の値段設定で「期待に反してサケの身やイクラの量が物足りなく感じる」という評を受けてしまった。

目を新潟市外に転じると、最近では三条市のカレーラーメンが注目されている。北海道室蘭市では、札幌、旭川、函館に続く北海道第四のラーメンとして積極的にカレーラーメンをPRしているが、三条市のカレーラーメンは室蘭市よりも二〇年以上歴史が古く、しかも味のバラエティーさや店の数の多さでも室蘭市を圧倒的に凌ぐものがある。地域全体でカレーラーメンを盛り上げていこうという動きが遅かったが、三条飲食店組合カレーラーメン部会が二〇〇九年八月にカレーラーメン食べ歩きマップを作製し、テレビや雑誌などでも度々取り上げられるようになった。

長岡市の洋風カツ丼もカレーラーメン同様、本来であればもっと注目を浴びてもおかしくないB級グルメだ。これは名前に丼がついているにもか

デミグラス系ソースが特長の長岡市の洋風カツ丼

かわらず、皿にご飯が敷かれ、その上にデミグラス系のソースがかかって、カツが載って野菜などが添えられるといったものだ。類似のものとして北海道根室市のエスカロップ、前述の加古川市のかつめし、長崎市のトルコライスなどがあるが、どれもB級グルメのファンには知られるところとなっている。長岡市でも、NPO法人復興支援ネットワーク・フェニックスや地元フリーペーパーのまるごと生活情報と長岡市、商工会議所が長岡ご当地B級グルメ化プロジェクト実行委員会を立ち上げ、二〇〇九年九月に洋風カツ丼の地図を作成するなどここにきて盛り上がりを見せている。

新潟のB級グルメを盛り上げるために

このように、二〇〇九（平成二一）年に入ると県内のB級グルメを盛り上げようという動きが各地で見られるようになった。それでは、これらの動きを他地域のように地域活性化につなげていくためにはどのようにすべきだろうか。

まず、個別のメニューに関しては幾つかの課題がある。例えば、タレかつ丼や洋風カツ丼は、他のご当地カツに負けないぐらいの個性を持ってはいるが、ボリュームがあるだけにこれだけでお腹いっぱいになってしまうメニューだ。B級グルメの楽しみの一つにお店のはしごがある。それが可

讃岐うどん店（香川県）。讃岐うどんの人気は全国区。有名店には常に行列ができる

能となるように、ミニサイズを提供する店が増えると観光客にとっての魅力が増すだろう。

この点については、喜多方ラーメンの取り組みを参考にすることもいいだろう。喜多方市のラーメンマップには小のメニューがある店や二人以上で一杯のラーメンを食べてもOKの店のリストが書かれている。B級グルメを食べに来る観光客の多くは食べ比べを好むため、できるだけいろいろな味を楽しんでもらおうという試みは、まさに店同士をWIN・WINの関係に導いてくれる。全国区となった讃岐うどんの店も小（うどん一玉）があるのが一般的だ。この点が他のうどんの産地との差別化につながったのだろう。このような取り組みは愛媛県八幡浜市の八幡浜ちゃんぽんでも行われている。また、三条市のカレーラーメンを出す店でもハーフサイズなどを提供するところが増えている。

最近では加茂市で国内発祥の地ということをキーワードにマカロニでまちおこしを行おうという試みが始まっている。また、新潟市横越地域では、特産の山芋や米粉を入れた独特の食感があるお好み焼きを特産としてPRする取り組みが行われている。このような動きは大変喜ばしいことではあるが、単発的なイベントだけでなく、継続的な活動が行われることが期待される。B級グルメ全般にいえることだが、まずは地元の人に愛され

地域全体で積極的にPRを行っている青森県十和田市のバラ焼き

なければ長続きしない。そして、加茂市のような動きを北陸新幹線が延伸する上越地方でももっと参考にしてほしいものだ。例えば東北新幹線の延伸に合わせて青森県十和田市ではバラ肉と玉ネギをしょうゆベースの甘辛いたれにからませて鉄板で焼く「バラ焼き」を地元の名物として売り出そうと、市と市民が協働して活動を展開している。糸魚川市や上越市、妙高市でも観光客を途中下車させるぐらいの魅力あるB級グルメを再発見、あるいは新たに開発してはどうだろう。

イベントに一工夫を

B級グルメを盛り上げるために一番手っ取り早いのはイベントだ。多くの場合、既存施設を借りてテントなど仮設の会場で実施するためさほど経費はかからない。だが、これだけ全国各地で行われるようになっているため、広域的な集客を考えるのであれば様々な工夫が必要だろう。

例えば、三条のカレーラーメンであれば、室蘭市や苫小牧市、青森市（味噌カレー牛乳ラーメン）などと協力してカレーラーメンサミットを開催するなど、他では行われていないようなイベントを企画してみてはどうだろうか。また、隣の燕市には有名な背脂ラーメンがある。カレーラーメンとセットで様々なイベントを行ってみてはどうだろう。

注
室蘭市では、カレーラーメンを、札幌、旭川、函館に次ぐ道内第四のラーメンとして売り出そうとしている。また、苫小牧市のカレーラーメンは室蘭市よりも前からあるといわれている。

あるいは新潟のタレかつ丼と長岡の洋風カツ丼が手を組んで会津若松や桐生のソースカツ丼などと一緒にカツ丼対決を行うのも話題になるだろう。これまでご当地カツに関する全国イベントは開催されていない。かつめしで有名な兵庫県加古川市ではそのような構想もあるようだが、いまだ実現には至っていない。まずは、群馬、福島と連携したカツ丼のイベントをやってみるのも一案である。この場合、食べ比べができるようにミニサイズのカツ丼とするのは当然のことだ。カツ丼をはしごするというのは至難の業だ。よほどの大食いでない限りできないだろう。あくまでお客さん本位で考えることが一番大切である。

このほか、とんぶりや中越地方の神楽南蛮などの唐辛子製品があることを利用して、県内で京都や長野、石垣島などの産地を集めて唐辛子版のB—1(K—1?)グランプリを開催したらどうだろう。既に、京都府の向日市では辛いものを売りにする激辛商店街でまちおこしを試みている。

このような個別のイベントももちろん効果的ではあるが、やはり埼玉県や神奈川県、兵庫県などのように県内のB級グルメを一堂に会したイベント(N—1グランプリ)をまずは実施してはどうだろうか。思い浮かぶだけで、イタリアン、若鳥の半身揚げ、タレかつ丼、洋風カツ丼、いわゆる新潟四大ラーメン、カレーラーメン、マカロニ、上越のする天、ぱっぽ焼

第五回埼玉B級ご当地グルメ王決定戦の閉会式（二〇〇九年一一月秩父市）

きなど既に多くの人に知られるようになったものは十を超える。これに、佐渡や上越地方など、これまであまりB級グルメがなかったようなところでは、地域の素材をうまく生かした新たなメニューをどしどし開発してはどうだろう。埼玉県では出店されたグルメの三分の一ほどが小松菜ギョーザ、にんじんうどんといったご当地の産品などを活用して新たに開発されたメニューだ。また、煮ぼうとうやおっきりこみといった郷土料理そのものといってもいいメニューも少なくない。単なるB級グルメというよりは、安くておいしく地域へのこだわりがあるB級ご当地グルメを対象にすれば新潟県でもかなりの出店が見込めるだろう。

そして、単にグルメの祭典とするのではなく、来訪者に一番おいしかったと思うメニューに投票してもらい、グランプリを決めるようにした方が盛り上がる。これは既に実施されてきたイベントを見れば明らかだ。その方がマスコミも取り上げてくれるだろう。

秩父市で開かれた第五回埼玉B級ご当地グルメ王決定戦では、食だけでなく、コバトンをはじめとする埼玉県内各地のゆるキャラが集合したり、若者たちのダンス大会も開催されている。様々な連携を図ればイベントも盛り上がるだろう。

工夫次第で個性的なイベントの開催ができるはずだ。そして、大事なのはイベントを単発で終わらせることなく、様々な趣向を凝らして県内外の関心を高めることだ。新潟はAだけでなく、Bもすごいのだ。今こそ、このことを全国に発信すべきときである。

第八章　公共事業は誰のため

新潟県と公共事業

新潟県の発展と公共事業は切っても切れないものがある。明治初期には日本一の人口を誇っていた新潟県も、富国強兵・殖産興業の大号令の下、主として太平洋側が開発され、発展するのとは対照的に、大都市への人口供給源としての存在にすぎなくなっていった。それが、戦後、高度経済成長と歩調を合わせるように、新潟県内で大規模な公共事業が展開されるようになったのだ。公共事業によって、新潟県は再浮上したといってもよいだろう。

一九七八（昭和五三）年には北陸自動車道が一部開通し、一九八二（昭和五七）年には上越新幹線が暫定開通するなど着実に高速交通体系の建設が進められ、一九八〇年代には上越・関越両自動車道が、一九九七（平成九）年には磐越自動車道が、そして一九九九（平成一一）年には上信越自動車道が全線開通するなど、北海道を除くと全国一長い高速道路網を有する県となった。

また、二五〇〇メートルの滑走路を持つ新潟空港からは札幌、名古屋、

新潟中央ＪＣＴから山形県・秋田県を結ぶ建設中の日本海東北自動車道。二〇一〇年三月には神林岩船港ＩＣまで開通した（二〇一〇年三月二八日　写真／新潟日報社）

新潟—東京間を最短一時間三七分で結ぶ上越新幹線Maxとき号（写真／新潟日報社）

大阪、福岡、那覇などの国内都市のほか、ロシアや中国、韓国、グアムの諸都市へ定期航路も就航するようになった。空港、高速、新幹線は高速交通体系の三点セットともいわれる。この三つが一九八〇年代前半に既に大部分が完成していた地域は日本全国を見渡してみても、大都市部を除くとほとんどない。このような基幹的な交通体系に関しては、日本海側では最も利便性が高いといっても過言ではないだろう。これらの事業は田中角栄元総理大臣をはじめとする新潟出身の政治家の存在なくしては語ることができない。まさに政治力の賜物である。

公共事業と建設業

一九九〇年代、不況対策として、また、日米構造協議に基づく公共投資の促進という観点から、公共事業費は大幅に増加し、地域経済のてこ入れとして期待された。しかしながら、思ったほどの経済効果は上がらず、無駄な公共事業に対する国民、マスコミの批判が強まったこともあり、公共事業は近年削減傾向にある。その結果、地域の建設業は大きなダメージを受けている。特にこれといった基幹産業のない自治体では、公共事業の削減は地域社会の死活問題にもつながりかねない。

新潟県における産業別の従業者を見ると、二〇〇〇（平成一二）年には

注
二〇〇五年の国勢調査によれば、新潟県の建設業比率は中高年齢層で高くなっているのが特徴となっている。五〇歳から五四歳までが二〇・八%、五五歳から五九歳までが二一・一%、六〇歳から六四歳までが一九・七%で、公共事業の削減はこの年代により大きな影響を与えている。

建設業が一二・六%と全国で五番目に高かった。ちなみに全国平均は一〇・一%、一番高かったのが沖縄県であった。建設業の特徴の一つはいわゆるマッチョ産業ということである。女性に比べ男性の就業率がはるかに高いことが特徴的だ。新潟県の場合、建設業に従事する人の割合は、女性は四・五%にすぎないのに対して男性は一八・六%と一四ポイント以上も開きがあった。

これが二〇〇五年になると、わずか五年で全国の建設業の比率は八・八%と一・三ポイント減少し、数にすると約一〇〇万人も少なくなってしまった。新潟県も一一・三%に減少したが、全国順位は沖縄県と並んで一番高くなっている。男性の建設業就業率も一七・三%と依然として高い。

建設業に関する格差は市町村ごとに見るとさらに広がる。二〇〇五（平成一七）年の男性の建設業比率が二割を超えている市町村は一五あった。その中でも旧朝日村は約三割だった。建設業に代わる基幹産業がなく、第一次産業の従事者も減少する中で、建設業に頼らざるを得ない地域経済の現状が如実に浮き彫りとなる。建設業もすそ野の広い産業だ。関連するサービス業や運送業なども加えれば影響はさらに深刻だ。

新潟県内の一般道は他県から見て整備が進んでいるイメージを与えるという（新発田市・県道32号）

新潟県内のインフラ整備の状況

それでは、新潟県内のインフラ整備の状況は他県と比べてどうだろうか。新潟県一〇〇の指標（平成二一年版）を見る限り、必ずしも他県に比べると抜きんでているというわけではない。例えば、総面積に占める道路の面積を表す道路率は一・八五％で全国二六位、一般国道から市町村道まで含めた道路舗装率は七七・二％で三七位、歩道設置率は二七位となっている。道路に関しては、このほか、道路改良率や道路整備率といった一定の整備が進んだ道路の割合はともに全国一九位となっている。

また下水道や農業集落排水施設、浄化槽などを含めた汚水処理人口普及率は七六・七％で二三位だが、全国平均より七ポイントも低くなっている。

このほか、人口一人当たりの都市公園などの面積は全国一七位、水道普及率は全国一四位と上位のものもあるが、道路関係の指標に関しては飛び抜けて良いわけではない。その一方で、新潟県外から一般道で県内に入ってくると、道路がよく整備されていることに驚かされるという声をよく聞くことがある。これは福島県、長野県などから新潟県に入ってくる場合、特にそのように感じるようである。

先ほど示した指標はすべての道路を含んでいるが、県上の広い新潟県の場合、どうしても山間部にある、整備が困難な道路が数多く含まれてしま

全国でも有数の交通量を誇る新潟バイパス。新潟市の大動脈である（新潟市中央区　写真／新潟日報社）

うためにさほど高い数値にはならないのだろう。見方を変えれば、通常使われている主要な道路に関しては他県に比べると整備が進んでいるということなのだ。

むしろ、新潟県のインフラ整備の状況は個別の施設を見ることで明らかになるだろう。私も新潟に来て最初に驚いたのは新潟バイパスだ。インターチェンジを降りる際にどこに料金所があるのか、必死で探してしまったことを今でも覚えている。現在約三七キロメートルの区間が開通していて、一部は片側三車線、それ以外もすべて片側二車線のまさに無料高速道路だ。一時期は交通量が日本一多かったことも話題となった。同様の規格の道路であれば、東京はもちろんのこと、大阪でも名古屋でも有料だろう。私に限らず、新潟バイパスのすごさに県外から来た人の多くは驚いてしまうのだ。新潟バイパスのほか、長岡市や上越市にも立派なバイパスが幾つもある。高速道路の整備が遅れている県の人から新潟県を見ると、一般道にも高速道路とほぼ同様の規格のものがあちこちにあるので、なんとも羨ましく、そしてねたましくすら思えてしまうようだ。

バイパス以外でも他県と比べると整備が進んでいるものは少なくない。例えば、同じ道路でも、国土交通省所管の道路ではなく、農林水産省所管の農道に関しても立派な路線が数多くある。新潟市内でも、信号機が少な

新潟県立鳥屋野潟公園新潟スタジアム―東北電力ビッグスワンスタジアム

いこともあって、渋滞時の抜け道となっている農道は幾つもある。本来は農作業のためにトラクターやトラックなどが使うために造られたものではあるが、実態は通常の道路と何も変わらない。

あまり知られてはいないが、新潟県は農道に関しては日本一なのだ。新潟県内の農道の延長は一万四一四五キロメートル、これは全国の八％を占めている。また、幅員四メートル以上の農道に限っても延長は全国第一位となる。

また、いわゆる箱物と呼ばれる公共施設に関しても同様だ。新潟スタジアム（東北電力ビッグスワンスタジアム）は二〇〇二（平成一四）年のワールドカップも開催された、日本海側最大級の競技施設だ。同様に、朱鷺メッセも一万人規模のコンサートが開催できるなど、国内屈指の規模を誇るコンベンション施設だ。

公共事業の削減は新潟をどう変える

このように、新潟県におけるインフラ整備は全般的には他県に比べると進んでいるといえるだろう。だが、県土が広いために多くのインフラが必要とされ、また、災害も多く、豪雪などによるインフラの損耗が激しいなど、毎年多額の税金がインフラの維持修繕に使われている。

そのような中で、小泉政権で公共事業費の大幅な削減が行われ、さらに民主党政権でも同様に公共事業に鋭いメスが入れられようとしている。「コンクリートから人」への大きな政策転換だ。

そもそも、バブル経済の崩壊後、景気浮揚策として、そしてまた、欧米に比べて遅れているとされたインフラ整備を進めるため、公共事業に多額の税金が投入されてきたのは周知の事実だ。確かに道路が整備されれば便利になるし、工事を行うことで地域の雇用も増大し、地域経済も一服ついた感はあった。しかし、そのツケは多額の借金残高として後の世代に重くのしかかってしまった。このことを踏まえ、八ッ場ダム（群馬県）の建設中止を筆頭に、過去に策定された公共事業に関する計画の見直しが徹底的に行われようとしているのだ。

他県に比べて公共事業への依存が強い新潟県にとって、国土交通省の政策転換による影響は相当程度大きなものとなるだろう。しかも、羽田空港のハブ化に象徴されるように、選択と集中を合言葉に、国際競争に負けないための重点投資が各方面で行われ、結果として高速道路の延伸や地域高規格道路の整備、さらには新潟空港の滑走路拡張などは夢のまた夢となってしまうかもしれないだろう。

だが、この流れを止めることはもはや不可能だろう。これだけ国、地方

注
二〇一〇年度末の国債、地方債を合わせた長期債務残高は八六二兆円に達する見込みである。これはＧＤＰの一・八倍を超え、先進国の中では最悪の状況となっている。

阪神淡路大震災でなぎ倒された高速道路（写真／神戸新聞）

を通じた財政状況が悪化し、借金残高が天文学的に膨れ上がってしまえば、そして、高齢化の進行によって福祉や医療に対するニーズが高まってしまえば、インフラ整備の優先順位は下がってしまうのはやむを得ないことだ。それを整備計画に掲載されているからすべてを国の責任でちゃんとやるべきだと地方が強く主張するのは逆効果だろう。われわれは県民、市町村民であるとともに一国民でもあるのだ。国の財政が破たんしてしまえば地方も一蓮托生である。

また、新規事業を増やせば増やすほど、心配になるのが既存ストックのマネジメントだ。建設した施設は年々の維持管理はもちろんのこと、一定期間が経過すれば大規模改修が必要となる。そして数十年、あるいはもっと長いスパンで施設の建て替えなどを行うことになるが、果たしてこのペースで道路などを建設し続けて、既存ストックに回すお金は残るのだろうか。老朽化した橋梁が落下して多くの犠牲者が出たアメリカの事故は記憶に新しい。また、一九八九（平成元）年、アメリカのサンフランシスコで発生したロマ・プリータ地震では、一九五〇年代に建設された二層式の高速道路が崩壊して、下を走っていた車が押しつぶされ多数の死傷者を出した。このことに関して、日本では技術基準が厳しいため、同様のことは起こらないだろうと思われていたが、阪神淡路大震災では高架の高速道路

手入れがなされず荒れたままの山林。雪害によって折れた樹木も放置されている（東蒲原郡内　写真／神田正）

が倒壊してしまった。もちろん、これについては地震の規模が大きかったこともあるが、鉄筋の数が足りないなどの欠陥工事であったことがその後判明している。むしろ、既存施設の耐震化などにより多くの予算をつぎ込むことの方が賢明ではないだろうか。

地域産業の大転換を図る

それでは、どうすべきなのだろうか。新潟県だけで解決できる問題ではないだろうが、地域の創意工夫も問われることとなるだろう。私なりの考えは既に一二年前に発表した拙論と今でもほとんど変わりはない。長くなるが、地方財務一九九八（平成一〇）年九月号の抜粋を載せることとする。

（前略）

地域経済をソフトランディングさせるには、公共事業が減った分、それに代わる何らかの事業、それも税金の垂れ流しという批判を受けることなく、地域にとっても日本全体にとっても有意義な事業を雇用の場として提供することが必要である。果たしてそのようなものがあるのか、疑問視する向きも多いかと思う。しかし、例えば国土保全という観点から新たな事業を構築することができないだろうか。これまでの林業はややもすると牛

棚田は米の生産だけでなく、土壌の浸食防止や水資源の貯留によるダムの役割も果たしている（長岡市栃尾地区　写真／新潟県観光協会）

産性向上のため、杉やヒノキに純化した針葉樹林の植林が中心となっていたが、外材に価格競争で敗れた後は日本の山林の大部分は荒れ放題で、それがスギ花粉症の一因であるという指摘もあるぐらいである。

このことは水源地としての機能も低下させているともいわれており、山林の抜本的な救護策が急務となっている。単に砂防ダムや治水ダムを造るということだけでなく、日本の山林を針葉樹一辺倒から広葉樹主体（あるいは共存）に戻し、また都市近郊であればいわゆる里山（雑木林）の復元に力を入れる施策を展開してみてはどうであろうか。広葉樹主休の山林の方が、保水力もあり、また、山崩れなどの自然災害も少ないとの指摘もある。過疎地域などにおいてこのような事業を行うことは、当然のことながら都市部の税金を利用することにはなるが、一方で水源の確保が図られ、また、レクリエーションの場としても十分利用価値がある山を生み出すというおまけもあることから都市住民には理解されやすいのではないかと思われる。

さらには、ヨーロッパで広まっているデ・カップリング（所得補償）制度を積極的に導入することや、山林のみならず棚田（千枚田）の保全・活用や漁村部においても同様の取り組みを推奨することは可能ではないかと思われる。これらの事業を公共事業に準じるものとして何らかの位置づけ

上越新幹線燕三条駅と北陸自動車道三条燕ＩＣ（写真／新潟日報社）

をすることができれば、事態はかなり好転するのではなかろうか。

（中略）

公共投資は結局のところ、国民の負担によって成り立っているものである。その意味からも国民一人一人のためのものであり、供給サイドではなく需要サイドから必要性を吟味すべきものである。これまで、その基本が忘れかけられてきたのではないだろうか。そして、また、同じ過ちを繰り返そうとしているのではないだろうか。

国土保全のほか、農業や環境保全、介護サービス、観光など、建設業が業種転換を図るべき分野はほかに幾らでもある。今こそ、地域産業の大転換を図るべきときではないだろうか。国、県、市町村がまさに三位一体となって後押しをしなければ、それこそまた、同じ過ちを繰り返すだけで、「国破れて道路あり」といった状況になってしまいかねないのだ。

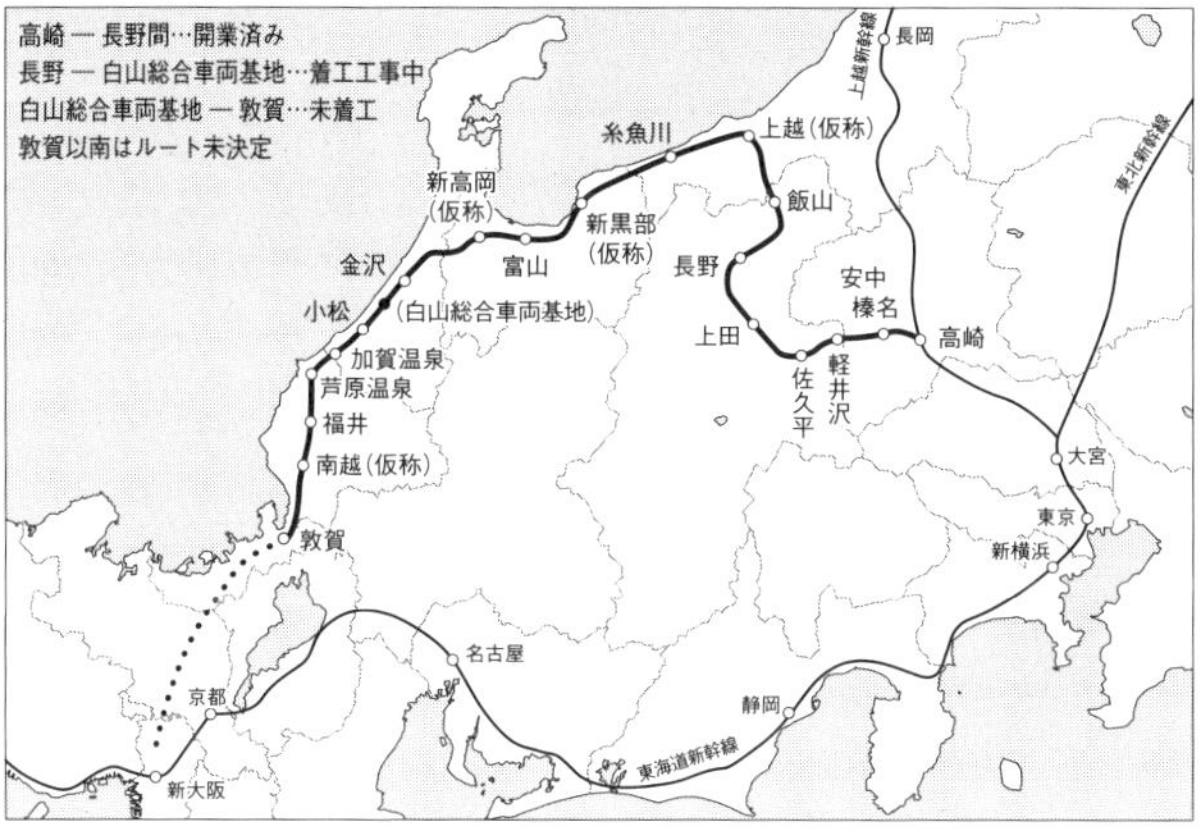

北陸新幹線ルート構想（二〇一〇年三月末現在）

第九章　二〇一四年問題を超えて

二〇一四年問題とは？

二〇一四年問題という言葉を聞いたことがあるだろうか？　おそらくこの言葉は行政や経済関係者では知られていても、一般の人にはまだなじみの少ないものではないのではないだろうか。二〇一四年問題とは、二〇一四年度末に北陸新幹線が開業した後に予想される観光や経済などの問題のことを指す。現在、東京方面と上越地方や富山、金沢方面との間を鉄道で移動するには、上越新幹線ときと特急はくたかを越後湯沢駅で乗り継ぐのが最短経路だが、長野―金沢間の北陸新幹線が開業した後、これらの利用客の大部分が北陸新幹線に流れてしまうことが考えられる。当然のことながら、上越新幹線にも様々な影響を与えることが考えられる。

新潟県のホームページによれば、

「北陸新幹線の延伸は、対応を誤った場合、上越地域におけるストロー効果の発生、上越新幹線の運行本数が減少された場合の利便性低下、それに伴う地域経済への影響など、マイナス面での懸念が持たれています。また、並行在来線や北越急行の経営問題など北陸新幹線が延伸するまでに対

越後湯沢駅でのほくほく線表示。新幹線から乗り継ぐ多くの乗客が利用するので、ほかの案内に比べ、特別に大きく目立つ表示で案内をしている

応しなければならない課題もあります。一方で、北陸新幹線によって首都圏や北陸方面とのアクセスが飛躍的に向上する上越地域は、その拠点性を向上させ、企業進出、観光振興、産業振興など大きく発展する可能性、つまりプラス面を有しています」とプラス面、マイナス面の両面があると指摘している。

上越新幹線がミニ新幹線に？

それでは、具体的にはどのような影響が出るのだろうか。新潟県はもちろんのこと、他県に同様の事例がないだけに、なかなか想像することは難しい。まずは身近なことから考えてみよう。

東京駅から上越新幹線に乗ると、越後湯沢駅までは満席状態でも、越後湯沢駅で大半の乗客が下車し、そこから先はガラガラということも少なからずある。特に、北越急行ほくほく線の特急と接続されている新幹線の場合は顕著だ。実際、毎日数多くの乗客が越後湯沢駅で乗り換えて、富山、金沢方面に向かっているが、これらの人が北陸新幹線高崎―長野ルートを使うようになると、上越新幹線の需要が相対的に低くなり、最悪の場合、運行が新潟―高崎間に限定される枝線化ということも考えられる。こうなると新潟への観光客やビジネス客は、高崎で新幹線を降りて乗り換えなけ

越後湯沢駅に到着した特急はくたか。北陸方面からの多くの乗客に利用され、北越急行の料金収入を支えている

ればいけなくなる。

あるいは、山形新幹線や秋田新幹線のように東京―高崎間は北陸新幹線に上越新幹線を連結し、高崎駅で切り離すというミニ新幹線方式も考えられるだろう。もちろん、今まで通り、東京―新潟間を単独で運行するということもあり得るだろうが、これまでよりは運行本数は減ってしまうことは十分考えられる。そうすると現在でも東京―新潟間の新幹線は、昼間の時間帯では一時間に一本しかないが、これがもっと間隔が空くことになるかもしれない。そうなると非常に不便なことになる。仮にミニ新幹線方式であれば、これまで通りの運行本数を維持することも可能だろうが、現時点ではまだ決まっていない。

ほくほく線はどうなる?

二〇一四年問題で影響を受けるのは新幹線だけではない。在来線については、その存続すら脅かされることになる。現在、富山、金沢方面へは、第三セクターの北越急行株式会社が運営するはくはく線(六日町―犀潟間)を経由して特急はくたかが運行されているが、北陸新幹線の開業後は、特急を運行させる必要がほとんどなくなってしまうだろう。一方、北越急行はこの特急の利用客からの料金が収入の多くを占めている。二〇一四年問

第三セクター肥薩おれんじ鉄道。九州新幹線新八代―鹿児島中央間の開業に伴い、在来線の鹿児島本線八代―川内間の運営を担っている

題によって、北越急行の経営が悪化し、ひいては十日町市や上越市の地域の交通手段となっているほくほく線の存続すら危うくなってしまうことも考えられる。

北陸新幹線に並行して運行している信越本線直江津―長野区間や北陸本線についても同様の問題を抱えている。これまで新たに新幹線が開業した区間では、盛岡―八戸間、軽井沢―篠ノ井間、八代―川内間の在来線がJRの経営から分離され、地元自治体等の出資によって設立された第三セクターによって運行されている。信越本線や北陸本線でも同様の動きになると思われるが、現行でもこれらの路線の乗客数は多くなく、第三セクターに移管された後の経営には先行事例同様、様々な困難が待ち受けているだろう。このほか、新潟市と上越方面を結ぶ特急北越や快速くびき野についても便数の減少や最悪の場合には廃止となるなどの影響を受けることが考えられる。

懸念される新潟経済への影響

二〇一四年問題は単に交通だけの問題ではない。本州日本海側唯一の政令指定都市である新潟市にとってはその拠点性が地盤沈下しかねない大きな問題だ。新潟市は二〇〇七年四月に浜松市とともに全国一六番目の政令

新潟駅（万代口）前から東大通りを望む。萬代橋から古町方面へと続く新潟市のメーンストリートである

指定都市となった。政令指定都市となったことによって、一般国道の管理など多くの権限が新潟県から新潟市に移譲されるとともに、都市としてのイメージも高まった。

しかし、新潟市の拠点性については、既に日本政策投資銀行のリポート「データからみる政令指定都市『新潟』―札幌・仙台・広島・福岡・静岡・金沢との比較―」（二〇〇七年二月）でも、幾つか課題を指摘している。経済面では、

・就業状況は、現在は比較的恵まれているが、公共事業の削減傾向等が続く中、中長期的には厳しいものと思われる。特に、建設への依存度が高い地域においては留意が必要である

・一次産業、製造業（食料、紙パ、金属、化学ほか）に強みを持つ半面、卸売・小売、サービスが弱い。他都市で盛んな飲料、印刷の集積も低い

・小売業は、比較的小規模なところが多く、難しい舵取りを求められている

・一般食品等の卸売機能（コーディネート機能）が弱い

とサービス産業の弱点が明らかにされている。

新潟駅から萬代橋を越えて古町方面へ向かう柾谷小路の両側には多くのオフィスビルが立ち並んでいるが、ここ数年、白い立て看板が目立つよう

になった。これらのオフィスビルには東京の大手資本などの企業の支店や営業所などが数多く入居しているが、支店や営業所を廃止するところが見受けられる。その結果、以前は企業名が書かれていたビルの横についた立て看板のところの名前が消えたので白くなっているのだ。実際、オフィスの空室率は他の大都市に比べても高いようだ。

　これは経営の合理化だけの理由でなく、ＩＴ技術の発達などによってわざわざ支店などを置かなくてもよいと判断したケースもあるだろう。支店や営業所がないからといって、営業活動を新潟県内で行っていないわけではない。以前、平日にレンタカーを借りようとして、直前だったこともあって満車だったことがある。理由を聞いてみると、営業のために月曜日に借りて金曜日に返すケースが多く、週末であれば直前に申し込んでも借りられるとのことだった。

　支店や営業所は廃止したものの、アフターサービスや営業活動のため、新幹線で月曜日の朝に東京方面から新潟を出張で訪れるビジネスマンが少なからずいるのだ。すなわち、レンタカーを借りて業務を行い、連絡については携帯やインターネットを使い、市内のホテルなどに滞在して業務を行うという形態が増えているのだ。このこともあってか、新潟駅から古町にかけて、ビジネスマン向けのホテルがこの二、三年、相次いでオープン

注
例えばじゃらんネットで検索すると、新潟駅周辺のホテルは三一軒登録されている。

上越市内で建設が進む北陸新幹線（上新バイパス架道橋付近）

している。

このように、二〇一四年問題が表面化する以前から、新潟市の経済面での拠点性は揺らいでいるのかもしれない。これが北陸新幹線の開通によって北陸エリアなどをカバーする支店などが撤退すれば、その影響はさらに大きなものになるだろう。

北陸新幹線の建設負担金をめぐる対立

北陸新幹線は東海道新幹線などとは異なり、整備新幹線として法律に基づき地元自治体も一定の負担を行う、いわば国と地方が共同で実施する事業だ。その意味では、地方の声も極力反映されるべきではあるが、新潟県と新幹線を所管する国土交通省の対立が話題となったのは記憶に新しい。

整備における追加工事実施計画を国土交通相が認可したことについて、国の手続きは意見聴取がなされないなど不十分で無効として、国と地方自治体間の争いを処理する総務省の第三者機関である国地方係争処理委員会に二〇〇九年一一月六日、審査を申し出た。

このことについては、私自身、新潟日報二〇〇九（平成二一）年一一月二八日付の「特別編集委員の眼」で、以下のようにコメントしている。

建設が進む北陸新幹線上越（仮称）駅周辺（現脇野田駅付近）

新潟県は北陸新幹線整備における追加工事実施計画を国土交通相が認可したことについて、意見聴取がなされないなど手続きが不十分であると主張し、新幹線建設負担金の支払いルールである「協定書」を破棄する方針を明らかにした。地方分権の時代は、国と地方が対等協力の関係の下、問題があれば地方が正々堂々と物言うべき時代である。だが、今回の対立は新潟県にとって分があるとは思えない。

建設費の増額などに対して国の説明が不十分というのはそうなのかもしれない。だが、手続きに問題があるから認可は無効だと主張するのは筋違いの感は否めない。意見聴取の手続きに問題があるのであればその点について国と協議を重ねれば済む話であり、事業認可に絡めるべきではなかった。既に、事業の遅れを危ぶむ声も出ている。国との関係だけでなく周辺県との関係もぎくしゃくしかねない。

また、国の説明不足を理由に負担金の一部を支払わないというのも賢明な対応とは思われない。国と地方は地方分権の進展によって大人の関係になったはずである。負担金を支払ってしまっては何も言えないということではないだろう。

県は確かに県民益のために活動すべき存在であるのはそのとおりだ。だが、並行在来線への財政支援の話まで持ち出すのは、やり過ぎではないか。

長野—直江津間の信越本線（並行在来線）は、北陸新幹線の開通後にはJR東日本から経営分離され、第三セクターによる経営が予定されている（上越市脇野田駅付近）

すべての新幹線を必ず県内で停車させることも求めているが、これも新幹線の利用者の視点に立てば異論があるのではないか。上越新幹線でも東京—新潟間をノンストップで走る列車はある。

北陸新幹線は、新潟県の税金だけでなく、他県の税金も、そして多額の国税も投入されて建設されるものだ。われわれも新潟県民の立場だけでなく、日本国民の立場も考慮して物事を判断する必要がある。度が過ぎる主張は地域のエゴと見られかねない。そうなると長い目で見て損をするのは県民だ。

申し出翌日の北国新聞（石川県）の社説では、「知事の頑固さは理解し難い」「新潟県には国交省と冷静に協議することを求めたい」と書かれてしまっている。同様に、北日本新聞（富山県）の一一月一九日の社説で、「地元負担の詳細な内容明示や負担に見合うだけの受益を求めるのは、県民の血税を預かる知事としては当然だろう。少しでも負担を減らし、効率的で透明性ある使い方で地域発展に当たりたいというのは分かる。それは沿線各県のトップ、県民とも同じであろう。だが、北陸新幹線は新潟県だけの案件ではない。新潟県が建設負担金の支払いを拒否すれば、整備が行き詰まることは否めない。上流で水をせき止めれば下流には流れてこないのは

注
すべての新幹線が県内に停車するとなると、長野、富山でも同様のこととなるだろう。すなわち、東京から金沢までの間、必ず長野、新潟、富山で停車するということになってしまう。

自明の理である。だからこそ、上越新幹線が既に開業し効果を実感してきた新幹線先行県だけに他県への配慮がなければならないはずだ。一県のみの主張に振り回されている感がある。大変残念なことだ」と諭されている。

国と地方の駆け引きも場合によっては必要なことであり、地域の主張を声高にすることは分権の時代、むしろあるべき姿だという意見もあるだろう。新幹線をすべて県内の駅に停車させるべきというのは他県でも同様の考えはあるだろう。しかし、論説でも書いたように、利用者の多様な声に応えるためには、各駅停車もあれば、できるだけ早く目的地に着くようなタイプのものも必要だろう。外野から見れば、地域のエゴと見られかねない。

負担金問題については、国地方係争処理委員会が審査の申し出を却下した後、二〇〇九年一二月二五日に新潟県知事が前原誠司国土交通大臣との面会後に支払いに応じるということを表明し、一応の決着は図られた。だが、この問題は単に北陸新幹線だけでなく、他の公共事業や周辺県との連携にも暗い影を投げかけているようだ。短期的には得るものもあるだろうが、中長期的には様々なものを失いかねない。行政や政治の世界でも信頼や絆は欠かすことができないものだ。少なくとも、国や周辺県との関係では失ったものは小さくないだろう。

二〇一〇年一二月の延伸開業を目指す東北新幹線新青森駅の完成予定図。この延伸で八戸駅は終着駅ではなくなる（図版／鉄道建設・運輸施設整備支援機構）

北陸新幹線延伸のプラス面

北陸新幹線の延伸の影響はマイナス面ばかりではない。新幹線の駅ができる上越市や糸魚川市などの上越地方にとっては、延伸によって東京方面に乗り換えなしで行けるだけでなく、観光などの経済効果も期待される。例えば、東北新幹線の延伸によって、八戸市には多くの観光客が訪れるようになった。同様に上越方面への観光客の増加も北陸新幹線の延伸によって期待できる。特に温泉やスキー場を数多く抱える妙高市にとっては、首都圏と直結することで多くの観光客を誘致するチャンスだ。このことは上越市や糸魚川市でも同様だ。観光については長野市や飯山市、黒部市など県外の地域との広域的な取り組みも重要になってくる。このほか、北陸新幹線の延伸によって上越地方の企業誘致が進むことも期待される。

しかし、ただ口を開けて待っていただけではプラス面を生かすことはできないのは言うまでもないことだ。八戸市の場合、現時点では新幹線の終点となっているが、今年中には青森まで延伸し、優位性が薄れてしまうとの危機感がある。北陸新幹線の場合、同様に、新潟からさらに富山、金沢方面までつながっていくため、上越地域が単なる通過地域になってしまうのではという危惧もある。

鹿児島中央駅と新八代駅間を結ぶ九州新幹線つばめ。博多までの全線開業は二〇一一年の春に予定されている

上越新幹線の乗客数増は可能か？

新潟県などの地元自治体も手をこまねいているわけではない。沿線自治体や商工会議所は上越新幹線活性化同盟会を結成し、様々な取り組みを行っている。現在新潟駅では在来線を高架にする連続立体交差事業が進められていて、これによって羽越本線と上越新幹線が同じホームで乗り換えられることができるようになる。九州の新八代駅で九州新幹線のつばめと在来線特急のリレーつばめが同一ホームで乗り換えができるようになっているが、新潟でも同じスタイルがとられることになる。北陸新幹線開通の前年の二〇一三年頃には乗り換えが可能になる見込みで、村上方面はもとより、山形県の庄内地方や秋田県南部地方は新幹線から特急いなほへの乗り換えが楽になり、また、所要時間も短縮されることから乗客数の増加も見込める。羽越本線の線路のカーブを改良したり、車体を改装するなどしてスピードアップを図る高速化事業を行うことで、東京—酒田間で最大二〇分程度の時間短縮も可能となる。

このほか、新潟駅と新潟空港のアクセスを改善するのも一方策だ。二〇〇九（平成二一）年から新潟駅南口から空港行きのバスが運行されるようになり、以前より定時性が増すようになった。

しかしながら、これらの対策が二〇一四年問題に対して、どの程度効果があるかは未知数だ。特急いなほについていえば、通常期は一日七往復しか走っていない。庄内地方の人口を考えると利便性が高まったからといって、いなほの本数が大幅に増えるほどの需要増につながることは難しいだろう。

レトロな外観の特急はやとの風号。内装は和モダンの雰囲気を持つお洒落な造りとなっている

ＪＲ九州の取り組み

二〇一四年問題に関して、観光客の誘致といった観点からはＪＲ九州の取り組みが参考になるのではないだろうか。二〇一〇（平成二二）年度末までの九州新幹線の全線開通を念頭に、その周辺路線で様々な個性的な列車を走らせ、観光客の増加に貢献している。例えば終着駅の鹿児島中央駅から日豊本線、肥薩線を結ぶ特急はやとの風号は九州新幹線の部分開業に合わせて運行が開始された観光列車で、車内は九州新幹線同様、木や竹をふんだんに使った和の趣を持つお洒落な内装だ。平日でも多くの観光客で賑わい、沿線の歴史の古い駅などには数分間停車するなど観光客への配慮がうかがえる。特に嘉例川駅の「百年の旅物語『かれい川』」はＪＲ九州の駅弁ランキングで二年連続一位を獲得した人気の駅弁で、竹皮製のお弁当箱の中に「ガネ」といわれるサツマイモ入りの天ぷらやコロッケ、シイタケとタケノコの載った味ご飯が詰められている素朴で懐かしい味わいのも

注
しんぺい号の名前の由来は肥薩線開業当時の鉄道院総裁の後藤新平から、いさぶろう号の名前の由来は、当時の逓信大臣山縣伊三郎からきている。

のだ。予約しないとまず買えないという人気も手伝い、これを食べるために特急に乗る人もいるようだ。

また、はやとの風号と接続し、日本三大車窓の一つといわれている肥薩線の人吉―吉松間だけを走る普通列車「しんぺい」と「いさぶろう」も人気列車だ。このほか、特急ゆふいんの森や九州横断特急など、車体のデザインや色に個性のある列車が数多く九州を駆け抜けている。

一方、ＪＲ東日本は磐越西線にＳＬばんえつ物語号、羽越本線に快速きらきらうえつなどを走らせているが、ＪＲ九州の取り組みに比べるとまだまだといった感は否めない。例えば磐越西線の新津―喜多方間は阿賀野川沿いの絶景が望めるだけに、しんぺいやいさぶろう号のようにこの区間をのんびり走る鈍行列車を企画するのはどうだろう。米坂線でも荒川沿いを走る企画列車は十分観光客を集めることは可能だろうし、同様のことは只見線や信越本線の直江津―長野間でも検討の余地はあるだろう。

このような観光列車自体の集客数は必ずしも多くはないが、やり方によっては様々な波及効果も期待できるものだ。その際、新潟らしいおもてなしで観光客に喜んでもらうことができるような工夫が必要となるだろう。

新潟市の中心繁華街として知られた古町通りも地盤沈下が進み、週末でも人通りが少なくなった

新潟の地盤沈下を防ぐために

それでは、二〇一四年問題から生じかねない新潟の地盤沈下、特に経済面での課題を解決する方策はあるのだろうか。これまで見てきた限りでは、そのような特効薬はどうも見当たらない。北陸新幹線の開通によって、金沢、富山方面は首都圏と直結されて人の流れは大きく変わり、観光だけでなく経済活動の面でも新潟の地位は低下しかねない。その意味では、自然の流れと言えなくもない。

しかし、中長期の地域ビジョンを考えた場合、中国やロシア、朝鮮半島との経済交流の拠点としての潜在力を秘めている新潟の地盤沈下は、新潟だけでなく日本全体にとってもマイナス面は少なからずある。北陸新幹線の開通は金沢の地位を相対的に押し上げるが、新潟に比べると空港がある小松市は遠く、しかも自衛隊との併用で制約も大きく、また、港湾に関しても新潟港に比べると金沢新港の機能は劣っている。環日本海交流の中心になるのは新潟を置いてほかにはあり得ないだろう。その意味からも新潟の都市としての魅力を高めることは不可欠だ。魅力的な都市は古今東西、人をひきつける。

経済的に発展している都市にはビジネスや買い物を目的として多くの人が訪れる。歴史や文化の特色を持つ都市には観光を目的として多くの人が

新潟駅構内の「上越新幹線」表示板

訪れる。そして魅力的な都市の多くは街の顔ともいうべきものがある。特にハード面では駅舎や駅周辺の街並みがその都市のイメージとなることも少なくない。すでに金沢駅では、新幹線開業に先行した駅前の顔づくりが行われている。その意味では、新潟駅の連続立体交差事業に合わせた新潟らしい街づくりを進めていくことが新潟の地盤沈下を防ぐために重要な鍵を握っているともいえるだろう。この点については第一一章でもあらためて取り上げる。

もう一つの二〇一四年問題

実は二〇一四年を前に解決すべき問題がもう一つある。それは名称に関してだ。まずは新駅の名称だ。新潟県内には糸魚川市と上越市に二つの駅が造られる。そのうち、上越市の脇野田駅周辺に建設される新駅がどのような名称になるかは不透明だ。単純に考えれば上越駅となるだろうが、妙高市などでは妙高の名前を付けてほしいという声も上がっているようだ。たしかに高崎と軽井沢の間には安中榛名駅があるように、二つの地名を重ねるということも検討の余地がないわけではない。その場合は上越妙高、妙高上越などとなるのかもしれない。

だが、駅名以上に問題があるのが上越新幹線の名称だ。もともと、昔の

一九八二年の上越新幹線開業出発式。首都圏と日本海側を結ぶ唯一の新幹線として、経済界をはじめ、多くの人々に喜びをもたらした（写真／新潟市）

国名の上野国（上州）と越後国からそれぞれ上と越の一文字を取ってつけられた名前である。以前から、上越地方を通っていないのに上越新幹線という名称はおかしいという声がないわけではなかったが、北陸新幹線の開通によって、上越地方および上越市を通る新幹線が別に存在することになるので話はややこしくなってしまう。しかも新幹線の駅名に上越が付けられれば混乱する乗客も出てくるだろう。

常識的に考えれば、北陸新幹線が金沢まで延伸されれば、現在の上越新幹線は新潟新幹線と名称を改めるのが妥当だろう。もちろん、高崎から三国峠まで、群馬県の区間があるため群馬県の立場も最大限考慮すべきではあるが、埼玉県の区間の方がはるかに長いのに高崎線という名称が用いられていることや東北本線の黒磯駅までが宇都宮線という愛称が用いられていることを考えれば無難な案ではないだろうか。

問題は誰が名称変更による費用を負担すべきかであるが、これはやはりJR東日本だろう。あくまでも利用客の利便を考えてのものであり、間違っても地元自治体の負担がない限りは変更しないといった態度はとるべきではない。もし、そのようなことをすれば、それこそ公共交通機関としての公共性が問われかねないのだ。

第一〇章　道州制で新潟は消滅する？

道州制とは

道州制とは、一二〇年以上続いた現行の都道府県を廃止・統合して大くくりの道や州に再編するという構想だ。全国の市町村数も一八〇〇を切り、次はいよいよ都道府県改革というムードが高まりつつある。道州制は単なる都道府県合併とは異なるものだ。地方分権改革が進展し、地方でできることは極力地方に委ねるという基本原則のもと、国の出先機関の機能の多くを移譲される道州は、内政の要として、地域の経済政策やインフラ整備、環境や雇用政策などで独自のカラーを打ち出すことが期待されている。

道州制が導入されれば、現行の都道府県は廃止されることになる。諸外国の中には州―広域自治体―基礎自治体と三層制の構造をとるところもあるが、現在の道州制の議論では基本的には二層制の構造としているので、導入されれば新潟県も廃止されることになるだろう。その意味では決して人ごとではないのである。

戦前には国の出先機関化していた都道府県も、戦後は知事が官選から直

注
日本は都道府県―市町村という完全な二層制の地方政府構造となっているが、イタリアやフランス、スペインのように三層制になっている国も少なくない。また、ドイツのように一部の都市が州の地位を兼ねているケースもある。

接公選になるなど自治体化した。一九五七（昭和三二）年には、第四次地方制度調査会は、都道府県を廃止して全国を七から九つの「地方」に再編し、内閣総理大臣が任命する地方長が置かれるという国と地方公共団体の中間的な団体と位置付けた「地方」案を答申したが、賛否が拮抗し結局は法案化されることはなかった。

その後は、東海地区や関西地区などで都道府県合併の具体的な動きが表面化したが、これも実現には至らなかった。その一方で、経済界からはこれまで道州制の提言が数多く行われている。特に、日本経団連や関西経済連合会や日本商工会議所、経済同友会などが積極的に提言を行っていて、国と地方のあり方を大幅に転換し、道州制の導入によって行政の効率性、コスト削減や規制緩和を求める内容となっている。

加速する道州制の議論

二〇〇六（平成一八）年には第二八次地方制度調査会の答申も出され、同年九月には道州制担当大臣のポストが設置されるなど、道州制導入に向けた国の動きは活発になってきた。また、日本経団連が二〇〇八（平成二〇）年に「道州制の導入に向けた第二次提言」を公表し、自由民主党も「道州制に関する第三次中間報告」を発表し、内閣府のビジョン懇談会で

注
道州制の提言は経済だけでなく、都道府県やマスコミ、学識者などからも行われている。その一方で、全国町村会などからは小規模自治体の切り捨てにつながりかねないとの反対論も根強い。

注
日本経団連の御手洗会長は道州制の導入にことのほか熱心である。また、日本経団連の道州制推進委員会の委員長はパナソニックの中村邦夫会長である。

は道州制基本法案の議論が行われるなど、霞が関や永田町界隈では道州制導入の議論が熱を帯びてきた。しかし、その一方で、国民的な議論の盛り上がりに欠け、実現に向けては様々な困難も予想されている。

　第二八次地方制度調査会の答申では、①地方分権の推進及び地方自治の充実強化、②自立的で活力ある圏域の実現、③国と地方を通じた効率的な行政システムの構築――の三つの方向性が示されている。また、道州制ビジョン懇談会の中間報告では、①政治や行政が身近になり受益と負担の関係の明確化、②東京一極集中是正により多様性のある国土と生活の構築、③重複行政の解消などによる行財政改革の実現、④道州の地域経営による広域経済文化圏の確立、⑤国家戦略や危機管理に強い中央政府の確立――などが導入のメリットとして挙げられている。

　さらに、日本経団連の第二次提言では、道州制の導入によって、①防災・消防体制の強化、②地域の治安の向上、③子育て支援・人材育成策の充実、④地域医療・介護の体制充実、⑤独自の産業振興策の展開と雇用の創出、⑥地域資源を生かした観光振興の推進が図れられる――といった効果が期待されるとしている。

　このように、道州制が導入されることで様々な効果が期待される。地方分権改革が推進される中で、広域自治体の再構築はもはや不可避のものと

注
我が国の外交は残念ながら機能不全の状態にある。問題が多様化、複雑化し、専門的な知見が必要であるにもかかわらず、いまだに多くの外交交渉は個別分野に関しては素人の外務省頼りである。

なっているといえるだろう。

道州制導入で大きく変わる国と地方の関係

道州制は、国家統治のあり方そのものの大変革である。道州制の導入によって地方支分部局の業務を大幅に道州に移譲してスリム化した国は、グローバル化が進展する中で、外交に総力戦を注ぎ込むことこそがその本務となる。国際環境が激しく変化する中で国の役割を重点化し、内政に関することは基本的には道州と市町村に任せ、真の意味での分権型社会を構築することが道州制導入の目的だ。内政の要となる道州は、住民に身近なサービスを市町村に委ねつつ、高度なインフラ整備や経済産業振興、国土・環境保全、広域防災対策などに的確に対応することが可能となる。特に、人口減少社会の中で地域の活力を維持・向上させる観点から、自立的で活力ある圏域の実現に資することが期待されている。

しかしながら、道州制実現に向けては課題も多いのもまた事実だ。そもそも改革とは現状を大きく変えるものであるから、必ず現状維持を望む勢力から抵抗を受けるのも必然ではある。中央省庁は「総論賛成、各論反対」で自らの既得権益を守るために政治家や関係団体などを総動員することも考えられる。霞が関の人間の多くは、内政における国の権限の大宗を道州

注
新潟県では市町村合併が進展したが、東京や大阪などの大都市部のように本来であれば合併した方が効率的な行政が実現できるにもかかわらず、財政的に豊かなこともあってほとんど合併は進んでいない。

に移譲されることで、自らの役割が縮小するという危惧を抱くだろうが、むしろ本来国家として担うべきことに重点的に取り組むことができると前向きに考えるべきだ。また、いわゆる国の出先機関に関しては、必ずしも国会のチェックが十分機能せず、都道府県との二重行政となっている部分が多いとも指摘されている。社会保険庁や農政事務所などの不祥事を見ると問題があるのは明らかだ。道州に移管されることで、議会や住民からのチェックもかかりやすくなるというメリットをもっと強調すべきである。

市町村合併が日本一進展した新潟県

平成の市町村合併の波は新潟県にも押し寄せた。地方分権改革の受け皿として、従来の市町村の規模では十分ではないという認識のもと、全国各地で市町村合併が進展した。特に、三位一体の改革以降、自治体の財政環境が厳しさを増し、合併によって財政危機を乗り切ろうという動きが本格化した。

一九九九（平成一一）年に一一二あった新潟県内の市町村も、二〇〇一（平成一三）年の新潟市と黒埼町との合併を皮切りに各地で大合併が推し進められた。新潟市は三度の合併によって一五市町村が一つとなり、本州の日本海側で最初の政令指定都市となった。佐渡島の十あった市町村も一

注
全国市長会（会長：森民雄長岡市長）では、人口一〇万人程度でも中核市並みの機能を持たせるべきだとの提言を行っている。

つとなって二〇〇四（平成一六）年に佐渡市が、翌年には、上越市と一三町村が合併して新しい上越市が誕生した。このほか、新潟県中越地震で大きな被害を受けた旧山古志村など一〇の市町村は三度の合併によって長岡市に編入された。

新潟県の合併の特徴は五つ以上の市町村が合併するという大掛かりなものが七つもあったということで、その中でも一〇以上が四つもある。このような大型の合併が数多く行われている都道府県はほかにはない。

この結果、二〇一〇（平成二二）年四月現在では新潟県の市町村は三〇にまで減少した。減少率は約七割で、減った市町村数は八二、これは全国最多だ。今市町村合併の進展は都道府県の役割をあらためて見直す契機となるだろう。既に新潟市は政令指定都市となって三年が経過した。政令指定都市には、県の事務の大部分が移譲される。小中学校教員の任用や児童相談所、さらには一般国道や県道の管理までが新潟市の担当となった。長岡市も人口三〇万人という中核市の要件を満たせば、保健所業務などが移譲される。市町村合併の進展は単に市町村数の減少だけでなく、都道府県の役割の縮小を意味する。神奈川県では横浜市、川崎市に続いて相模原市が三つ目の政令指定都市となった。このような都道府県が増えれば、道州制の議論も加速するだろう。

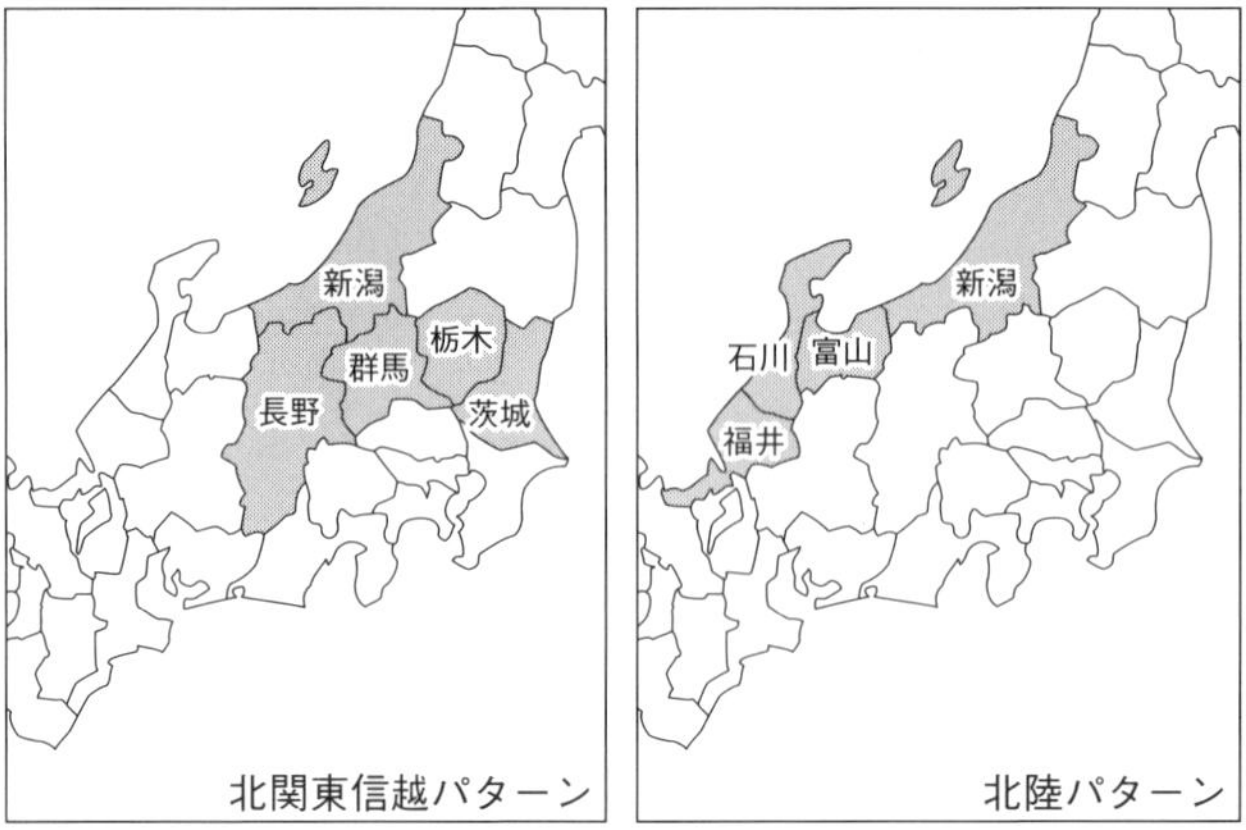

道州制の区割り例

新潟県と区割り

道州制の議論の中で、一般の関心が最も高いのが区割りの問題だろう。第二八次地方制度調査会の答申では三つの区域例が示されているが、新潟県に関しては二パターンに分かれている。一つは北陸として富山県、石川県および福井県と一緒になる例で、もう一つは北関東信越として茨城県、栃木県、群馬県および長野県と一緒になる例だ。一方、自由民主党の道州制に関する第三次中間報告では四つの案が示されていて、新潟県は三つのパターンに分けられている。一つは北関東として、茨城県、栃木県および群馬県と一緒になる案、二つ目は東北六県と一緒になる案、三つ目は北関東に埼玉県を加えた案だ。

これらからも明らかなように、道州制の区割りに関しては、新潟県は他県に比べてその帰属が難しいところの一つだ。区割りについては国と道州、市町村の役割分担や財源、統治機構のあり方などが固まってから最後に決めるべきものであるという考え方がある一方で、ある程度区割りの案を示すことで議論が進むという考え方もある。内閣府の道州制ビジョン懇談会の区割り基本方針検討専門委員会では、

①経済的・財政的自立可能な規模

②住民が帰属意識をもてる地理的一体性

注
第四次地方制度調査会の県案では、新潟県以外の県も分割する区割り案が示されている。

③歴史・文化・風土の共通性
④生活や経済面での交流
などの条件を考慮して基本方針を決めるべきだとしている。

この四つの条件を新潟県に当てはめてみると、答えを出すのは容易ではないということに多くの人が気付くだろう。現行の国の出先機関の区域では、信越や北陸、関東など様々なパターンに分かれているが、北関東あるいは北関東信越といったブロック分けはない。一方、経済団体では東北六県とともに東北経済連合会に所属している。

また、北陸新幹線の延伸によって、上越地域は長野県や富山県、石川県とのつながりが増すことを考慮すれば、現行の都道府県の区域を大前提として道州の区割りを議論することには限界があるのかもしれない。

このほか、一九五七（昭和三二）年の第四次地方制度調査会では、多数案の「地方」では、新潟県は、関東中信越（七ブロックおよび八ブロック）と北陸信越（九ブロック、現在の衆議院議員選挙における比例区と同一のものが多い）に区分されていた。少数案の「県」では、新潟県・富山県・福井県（一五ブロック）、新潟県・長野県（一六ブロック）、そして一七ブロック案では都道府県の境界にこだわらない区域が示され、新潟県については、下越地方が福島県と山形県南部および宮城県南部と同じブロック

注
国民対話は宇都宮市で開催された。その中で栃木県、茨城県在住の参加者から、新潟県と一緒の区割り案には実感がわかないとの意見が出されている。

に、そして、上越、中越および佐渡地方が長野県北部と同じブロックに区分されていた。これらの案も含めて、ほかにも様々な案が考えられるが、残念ながら今のところはどれも帯に短し、たすきに長しといった状況だ。

道州制実現に向けた課題

道州制実現に向けては課題も多い。これまで経済団体が中心となって構成されている道州制協議会が各地域で意見交換会を行うなど、国民的な議論に向けた取り組みが行われてきた。私も道州制ビジョン懇談会の区割り基本方針検討専門委員会の委員として二〇〇九（平成二一）年一月、当時の鳩山邦夫総務大臣（自民党）による国民対話の司会を務めたが、その際、参加者からは、「国がばらばらにならないか」「地域間競争の激化によって地域の格差がかえって広がるのでは」といった道州制導入に対する懸念の声が幾つも出された。

道州制ビジョン懇談会の中間報告で、国の役割を限定し、「地域主権」型を目指すという文言が見られることから、かえって、道州制導入によって国がやるべきことを放り投げて地方に押し付けてしまうのではないかという危惧を持った人が少なからずいるのではないだろうか。また、国民生活全般に関する安全・安心が大きな関心事となっている中で、道州制を導入

注

道州制ビジョン懇談会の委員の意見は必ずしも常に一致をみていたわけではない。特に地方分権改革とどのように歩調を合わせて推進すべきかということでは意見が真っ二つに分かれていた。

し、国の統治機構のあり方を根本的に見直すことが国民の不安を解消するための大改革であるということを分かりやすく訴えかけていかない限り、国民の理解を得ることは困難と考えられる。国民の関心は道州制の導入という統治機構のあり方といった大きなテーマよりは、年金、医療、介護、食の安全、さらには新型インフルエンザなど日常生活に直接関係のあるものに向かいがちだ。これはある意味当然といえば当然のことではある。

行政の効率性や公務員の削減といった行政改革の成果だけを披露しても、国民の不安は払しょくされないだろう。実際道州制の導入に対しては、反対も根強い。二〇〇七（平成一九）年一二月の日本世論調査会の世論調査によれば、道州制に賛成が二九％、反対が六〇％と反対が倍以上になっている。道州制を導入することで、国民の最大関心事の解決に資するという具体的かつ詳細なシナリオを描くことこそが、国民の理解を得る近道となるだろう。

道州制議論の行方

これまでも、何度となく都道府県改革の議論が繰り広げられてきたが、これらは経済界、政界、中央省庁や地方自治体の関係者、そして有識者の間での議論にとどまっていたのもまた事実である。その意味では住民不在

注

経済界の道州制議論をリードしていたのが松下幸之助氏であり、松下氏が設立した松下政経塾出身の国会議員が自民党以上に民主党に多い（原口大臣も出身）ことを考慮すれば、いずれは積極姿勢を見せるのではないかと考えられる。

の議論であったといえるだろう。

民主党政権が誕生してからは、道州制ビジョン懇談会は一度も開催されることなく、二〇一〇（平成二二）年三月に任期切れとなった。二〇〇七（平成一九）年以降三二回の会議が開催され、このほか、税財政専門委員会、区割り基本方針検討専門委員会がそれぞれ七回開催された。道州制導入に向けた諸課題について真摯な議論が行われてきたが、これによって道州制の議論は一旦リセットされたとみることができるだろう。そもそも民主党のマニフェストには道州制について何ら言及されていなかったのであるから、これは当然のことといえるだろう。

だが、民主党も本来は道州制の導入に積極的な立場であったはずである。二〇〇〇（平成一二）年六月には「道州制―地域主権・連邦制国家を目指して」との試案を同党の道州制推進本部がまとめ、総選挙にも公約として「『地域のことは地域で決める』という民主主義の原点に立ち返って、徹底した分権化と地域主権の確立に取り組み、二一世紀日本の国のかたちを分権連邦国家につくり変えていきます。このため、国の役割を限定し、基礎自治体たる市町村の権限と財源を拡充するとともに、道州制の導入に段階的に取り組んでいきます」としている。ちなみにこの時の党代表は鳩山由紀夫現総理大臣だ。また、二〇〇五（平成一七）年の総選挙でも、「基礎自治体の規模拡大、基盤強化の中で、都道府県の自主的な判断を尊重しつつ、合併などによる道州制の実現へ向けた制度整備に着手します」としている。

このように、地方自治体の判断を尊重しつつ、道州制の実現に向けて政策を展開するという意味では自由民主党の政策と大差はないという評価もできるだろう。なお、二〇〇七年の参議院議員選挙では、当時の党代表が小沢一郎幹事長ということもあり、持論の三〇〇基礎自治体論を掲げ、将来的には一層制の自治構造とすることがマニフェストに掲げられていた。

現時点では、政権交代直後ということもあり、道州制の実現に向けた議論を再開するということはないだろうが、既に原口一博現総務大臣は、「民主党は基礎自治体主義をとっているが、道州制についても地域が選択するということになればトップダウンの道州制導入でなく地域から盛り上げられた道州制導入ということで推進することになる」と七月に発言していて、国の出先機関の原則廃止も打ち出している。民主党政権の下で各省庁がどの程度抵抗するかは不透明であるが、既に橋下徹大阪府知事は、国の出先機関の受け皿として広域連合を活用することを表明している。近畿地方あるいは九州地方などで広域連合によって、都道府県と国の出先機関の機能が部分的に統合された場合、まさに総務大臣が言ったような「地域から盛

注
一層制の自治構造については、経済界でもＩＴ技術の進展などで都道府県は不要として支持する向きもあるが、世界的にはごく小規模な国だけで採られている制度である。

注
最近では、地方分権よりももっと積極的に主体的に地域が活動するという意味合いを込めて地域主権という言葉が政党を中心に使われているが、主権の本来の意味を考えれば学術的には矛盾に満ちた言葉ではある。

り上げられた道州」として実現することになるのかもしれない。

だが、解決すべき点は数多く残されている。例えば、環境の整った地域から順次導入する場合、過渡期には、道州と都道府県が併置されることになる。この場合の広域的な利害関係の調整をどのように行うかについてのルール作りも必要になるだろう。

今後の民主党政権がどのような政策を展開するのか見守る必要があるが、地域主権ということを前面に出している以上、地方分権のさらなる推進、そして都道府県制度の大幅な見直しは避けて通ることはできないだろう。また、新聞社や放送局、さらには各種団体が都道府県を単位として組織化されている現状を考えれば、道州制の議論はこれらの団体に対しても再編などの様々な影響を及ぼすだろう。だが、少なくとも前政権や経済界が示したような工程で進むということは考えにくい。また、実際に導入すると民主党政権が決断するとしても、その時点の世論の盛り上がりや行政改革の進捗度、財政状況など様々な要素を考慮しなければならず、道のりは険しいものがある。

いずれにしても、新潟県がいつまでも今のままの区域で存在し続けるとは限らない。そのことだけは確かなようだ。

第一一章　目指せ、コンパクトな街づくり

コンパクトシティーの時代

少子・高齢化が進行し、全国的に都市の人口は減少傾向にある。右肩上がりの時代には、郊外のニュータウン建設が盛んだった。その象徴が東京の多摩ニュータウン、大阪の千里ニュータウン、そして名古屋の高蔵寺ニュータウンだ。建設当初は、若い世代が数多く入居したこともあり、小中学校の建設ラッシュとなったが、今ではニュータウンでも高齢化が進行し、学校の統廃合が相次いでいる。

このような都市開発の郊外化は商店街の衰退など中心市街地の空洞化をもたらしたとの批判も根強い。また、郊外型の大規模ショッピングセンターの建設が相次いだことは空洞化の追い打ちとなった。新潟県内の主要都市の中心商店街も軒並み、大型店の影響を受け、シャッター通りと化してしまったところも少なからずある。このようなことへの反省もあってか、最近では、中心市街地を活性化させ、定住人口も増やそうというコンパクトシティーを目指す動きが全国各地で見られる。

注
日本のまちづくり、都市づくりは、先にも触れた建築自由の原則もあって、地価の安いところへと開発が無秩序に進行し、結果としてスプロール化（虫食い状態）してしまっている。

新新バイパス新発田ＩＣ付近。チェーン店の飲食店などが沿線上に軒を連ねる（新発田市新栄町）

郊外化の何が問題か

中心市街地の空洞化が進んだ原因の一つとして車社会の進展がある。特に鉄道などの公共交通機関が不便な地方都市では、大型ショッピングセンターだけでなく、幹線道路沿線には全国チェーンなどのいわゆるロードサイドショップやファミリーレストラン、ファストフード店が立ち並ぶようになった。中心市街地から脱出したのは商業施設だけではない。病院や市役所などの公共施設も駐車場スペースの確保など交通の利便性を考慮して郊外に立地するケースが増えてきた。

郊外化は車を自由に使いこなす住民にとってはむしろ便利なものではあるが、車を持たない高齢者などいわゆる交通弱者にとってはこの上なく不便なものである。また、郊外化は必ずしも計画的に進むものではない。無秩序な開発は環境破壊につながり、また、二酸化炭素の排出量も増加させる要因となる。このほか、中心市街地では上下水道や道路などのインフラ整備が進んでいるのに、郊外化が進めば同様のインフラ整備を新たに進めなければいけないこととなり、維持管理コストもかさみ、結果として二重投資ということになってしまう。

高齢化、環境問題の深刻化などを踏まえれば、コンパクトシティーは時代の必然ともいえるだろう。

青森市の取り組み

コンパクトシティーへの取り組みは全国的に注目を浴びているが、その中でも青森市と富山市には自治体関係者が多数視察に訪れるなど成功事例と目されている。

青森市は、東北本線の終着地として、また、青函連絡船の乗り換え地として栄えた都市ではあったが、近年では人口減少とともに、市街地拡大に伴い、多大な行政投資が必要となり、また、日本有数の豪雪地域のため、街が郊外へと拡大することで道路延長が増加した結果、毎年、除雪費に多額を投じる結果となった。

そこで、青森市は、増大する行政コストの削減や郊外のスプロール化や中心市街地の空洞化を食い止めるため、一九九九（平成一一）年に策定した都市計画マスタープランで、

①市街地の拡大に伴う新たな行財政需要の抑制
②過去のストックを有効活用した効率的で効果的な都市整備
③市街地の周辺に広がる自然・農業環境との調和

を目指した「コンパクトシティーの形成」を都市づくりの基本理念に掲げ、都市整備を進めている。具体的には、市内を「インナー」「ミッド」「アウター」の三ゾーンに分類し、各ゾーンごとに交通体系の整備方針を定め、

青森駅前の再開発ビルＡＵＧＡ・アウガ（写真／青森駅前再開発ビル㈱）

富山ライトレール

まちづくりを進めている。原則、「アウター」と位置づけられた郊外では開発を行わず、学術、芸術、文化活動や、自然を楽しむレクリエーションエリアとして維持している。

中心市街地の活性化策も積極的に進め、二〇〇一（平成一三）年に青森駅前再開発によって再開発ビルＡＵＧＡ（アウガ）がオープンしている。地上九階、地下一階の構造で、地下に生鮮市場、上層階に市の図書館、中間階に商業施設や公共施設が入居している。また、駅前再開発地区の一角にケア付きの高齢者対応マンションが完成するなど、近年、中心市街地のマンション建設が急増し、賑わいが戻りつつある。

富山市の取り組み

青森市以上に中心市街地の活性化に積極的なのが富山市だ。特に都市交通の再生という側面では日本一先進的な取り組みといっても過言ではないだろう。広大な富山平野の中心に位置する富山市は、持ち家率が県庁所在市で一番高く、また、地価も安いこともあって、郊外への一軒家の建築が進み、中心市街地が空洞化していた。また、鉄道に関してはＪＲ北陸本線、高山本線のほか、富山港線や私鉄の富山地方鉄道の路線があったが、利用者数は減少し、特に、富山港線については北陸新幹線の開業に合わせて高

富山市内の路面を走る富山地方鉄道。二〇〇九年には環状化が実現した（写真／富山地方鉄道株式会社）

架化する計画があったが、八年間もバスによる代替輸送となり利便性が悪くなることなどから、二〇〇三（平成一五）年に富山市長は第三セクター化して路面電車を走らせる構想を発表した。

翌年に第三セクターが設立され、二〇〇六（平成一八）年には低床構造で環境にも優しい富山ライトレール（ＬＲＴ）が開業した。富山市における都市交通の整備はこれだけにとどまらない。二〇〇九（平成二一）年には、富山地方鉄道の環状化が完成し、二〇一四年の新幹線開業時には富山駅の北側を走る富山ライトレールと南側を走る富山地方鉄道が富山駅でつながり、富山市内でのＬＲＴの路線は二五キロメートル以上になる予定だ。このように新幹線開業を目指して、富山市は着実に魅力的なまちづくりを進めている。

富山市が力を入れているのは都市交通だけではない。二〇〇八（平成二〇）年に策定した富山市都市マスタープランでは、公共交通を活性化させ、その沿線に居住、商業、業務、文化などの都市の機能を集積させることによって、公共交通を軸とした拠点集中型のコンパクトなまちづくりを目指すこととしている。具体的には、すべての鉄軌道と利便性が一定水準以上のバスを公共交通軸と位置づけ、その沿線に公共交通沿線居住推進地区（駅から五〇〇メートル、バス停から三〇〇メートル）を設定し、共同住

高岡市の万葉線を走るＬＲＴ

宅の建設費補助や一戸建て住宅・分譲マンションの取得に対する補助制度を創設し、まちなかへ住む人口を増やそうというものである。

このように富山市では、ライトレールの整備など公共交通の活性化によるコンパクトなまちづくりを進めている。これは、単に中心市街地の活性化だけでなく、地球温暖化対策も視野に入れての取り組みである。運輸部門に関しては、二〇一〇（平成二二）年に比べて二〇三〇年には二酸化炭素の排出量を三三％削減する目標を定めるなど、環境にも優しいまちづくりを進めている。

このほか、隣の高岡市でも廃止寸前だった路面電車が第三セクターとして再生し、今ではＬＲＴも運行している。

長岡市の取り組み

新潟県内でコンパクトシティーを目指す取り組みをしているのが長岡市だ。長岡市の市街地には一九六〇年代を中心に大型店舗が相次いで開店し、一九八二（昭和五七）年の上越新幹線の開通によって駅前広場の整備や城内地区の再開発ビルが完成するなど中心地として賑わいを見せた。

しかし、その後はモータリゼーションの進展とともに長岡市の郊外に大型店の出店が相次ぐとともに、それとは逆に中心市街地では店舗の閉店が

長岡市の中心市街地。大手通りから正面が長岡駅

増加した。このように衰退する市街地に危機感を抱いた長岡市は中心市街地活性化基本計画を策定し、二〇〇八（平成二〇）年一一月には内閣総理大臣の認定を受けた。

長岡市の基本方針は、

・市役所機能のまちなか回帰が先導する「まちなか型公共サービス」の展開

・まちなかを舞台とした「市民協働」の積極的な推進

であり、誰もが気軽に訪れるまち、暮らしやすいまち、生き生きと働けるまち、市民の活力が賑わいを生み出すまちを目標に、五八の事業を展開することにしている。その主なものとして、

・公会堂（アリーナ）、屋根付き広場、市役所本庁舎の三施設が融合した市民協働・市民活動の拠点施設となる市民協働型ホールの整備

・大手通中央東地区の再開発ビルに学びと交流の拠点となるまちなかキャンパスの整備

・大手通中央東地区、西地区への都市型住宅の整備

などが予定されている。このほか、JR長岡駅の利便増進や中心商店街の魅力増進のイベントなども検討されている。

市役所が街の中心として他の賑わい施設とともに整備されるのは欧米では

バーミンガム市の中心市街地

当たり前のことである。また、大学などのサテライトキャンパスを中心地に設置するのも時代の流れである。その意味では長岡市の取り組みはオーソドックスなものではあるが、高く評価のできるものである。

人の流れを郊外から市街地に変えるためにはハードだけでは不十分だ。効果的なソフト施策とセットとなって初めて機能するだろう。

イギリスのコンパクトな街づくり

日本各地でも様々なコンパクトな街づくりの取り組みが進められているが、イギリスの取り組みにも参考になるものが少なからず含まれている。私は一九九七（平成九）年の秋から半年間イギリスに滞在していた。それもロンドンではなくイギリス第二の都市バーミンガムだった。バーミンガムはロンドンの北西に位置し、特急で一時間二〇分ほどの距離にある。人口は約九六万人、産業革命の頃は近くに産炭地があることも幸いし、工業都市として栄えたが、エネルギー革命によって石炭産業が斜陽化し、一九六〇年代以降高い失業率に悩まされていた。

もともと車社会を見越して市街地内に大きな道路を張り巡らしたこともあり、中心市街地には車が溢れ、結果として商店街は衰退の一途を遂げてしまった。一九八〇年代以降、バーミンガム市はＥＵの補助金などを活用

バーミンガムブルリングショッピングセンター

しながら中心市街地の再生に取り組んだ。まずは一番大きなニューストリート駅から数百メートル離れたところにシンフォニーホールを建設した。ここでは世界的に有名な指揮者サイモン・ラトル氏（当時）が指導するバーミンガムオーケストラの活動の拠点となり、そのコンサートは多くの観客を魅了した。

また、一九九九（平成一一）年には、以前に鉄道として使われていた廃線跡を活用して郊外のウルバーハンプトン市までの路面電車を開通させた。二〇・四キロメートルの区間に二三の駅があり、早朝の五時前から真夜中の零時すぎまで、一時間に数本走っている。ウルバーハンプトン市までは三五分の道のりだ。この建設にもEUの補助金が活用されている。

さらに、道路改良によって中心市街地への交通量を規制し、ニューストリート駅のすぐ近くに、イギリスのみならず、ヨーロッパで最大級のブルリングショッピングセンターが二〇〇三(平成一五)年にオープンした。床面積は一一万平方メートルで一六〇以上の店舗が入居している。開店初日には二七万人近い入場者で賑わった。

これらの取り組みによって、バーミンガム市の中心市街地に賑わいが戻ったのだった。このほか、一一月から一二月にかけては、市役所前からシンフォニーホールの周りまで、フランクフルトフェスティバルを開催し

バーミンガムの路面電車

ている。このイベントは二〇〇一（平成一三）年から実施しているもので、ドイツのフランクフルトの名物のフランクフルトやホットワインなどを出す屋台やドイツのお土産店や移動遊園地、さらにはこの時期だけ特設の観覧車を置くなどとても楽しい催しとなっていて、土・日曜日には大混雑となっている。クリスマス期間のイベントとしてはイギリスでも最大級の集客力を誇っている。

バーミンガム市の再開発のキーワードはやはりコンパクトシティーである。トラムとともに市民の交通手段となっているのがバスである。早い便は未明の四時台から、遅いものは真夜中の零時すぎまで中心地と郊外を結ぶことで多くの市民が利用している。イギリスの交通機関全般にいえることではあるが、一回限りの利用では一・七ポンド（二五〇円強）と高い料金設定になっているが、一日券は三・三ポンド（約五〇〇円）で、郊外まで行ってもこの料金は変わらない。このほか一週間単位や月単位などの定期券もあって、決して割高ではない。遅れや運休などもあるが市民にとってバスは欠かせない存在になっている。

新潟市は時代に逆行した

それでは新潟市はどうだろうか。二〇一四年問題への対応も重要な課題

新潟交通電車線。旧県庁前から燕間、三五・八キロメートルの電車線で旧県庁前から東関屋間は道路との併用区間であった（一九七二年四月　写真／渡邊健一）

ではあるが、コンパクトシティーに向けた取り組みも必要ではないだろうか。田園型政令都市、分権型政令都市を標榜しているが、コンパクトなまちづくりについては必ずしも触れられていない。むしろ、分権型をまちづくりに当てはめると、郊外型を標榜しているとも読み取れるだろう。

四月には神奈川県相模原市も政令指定都市に移行し、全国で一九となったが、公共交通機関がＪＲとバスだけなのは新潟市だけだ。新潟市でも以前から新交通システムの導入に向けた検討は行われているが、現時点では構想段階にとどまっている。

新潟市民の中でも路面電車のような新たな公共交通機関を要望する声は少なくない。私も財政が許すならば、路面電車の設置には賛成だ。だが、実際には数百億円規模の大きなプロジェクトである。これまで新たに新交通システムを導入した広島市、北九州市、千葉市などは赤字経営で苦しんでいる。今振り返ると、一九九九（平成一一）年に白山と燕市を結ぶ新潟交通電車線が廃線となってしまったのは何とももったいない話である。富山市のようにＬＲＴに進化させて都市の顔にすることも不可能ではなかったのだ。新潟市と人口規模の近い地方都市を見てみると、岡山市でも熊本市でも鹿児島市でも、路面電車を都市交通の要と位置づけ、まちづくりを進めている。これに対して新潟市は車社会の流れになびいてしまったの

東西新潟を結ぶ萬代橋は新潟市のシンボルでもある。信濃川に映える六つのアーチは美しく、国の重要文化財にも指定されている

だ。

実際、萬代橋は路面電車が通れるように設計されたものだ。仮にこの路線が新潟市まで延伸していれば、新潟の街づくりは今とは大きく変わっていただろう。その意味では、一〇年以上前に新潟市は時代と逆行してしまったのである。

新潟市都市政策研究所の報告でも、新潟市では交通手段に占める自動車の割合が増え続け、距離にかかわらずすべての移動で自動車の利用が増えている。政令指定都市の中で新潟都市圏の自動車依存度は最も高く、その一方で鉄道やバスといった公共交通の依存度は最下位クラスとなっている。自動車保有台数も浜松市に次いで高く、いわゆる交通弱者にとっては移動しにくい都市となっていることがデータからも明らかだ。少子高齢化が進み、交通弱者はますます増える一方だ。また、JR以外の唯一の公共交通機関であるバス自体にも、どのバスに乗ればいいか分からない、あるいは乗り継ぎが不便などの不満が多い。

どうなる新潟市

都市交通で失敗した新潟市ではあるが、中心市街地には他都市同様、中高層マンションの建設ラッシュが続いている。古町と新潟駅南口には三〇

新潟市の中心市街地・古町十字路に立地する大和デパート新潟店は二〇一〇年六月の撤退が決まった

階前後のマンションが建設され、都心への人口回帰も進んでいるようにもみられる。だが、信濃川沿いにはマンションが乱立し、水の都の景観も変わりつつある。柳都の古い街並みはパッチワーク状に残っているにすぎない。残念ながら、金沢市はおろか、山形市や米沢市に比べても歴史的な史跡は残っていない。

北陸新幹線の開業に向けて、コンパクトシティーの先駆けとして富山市は戦略的なまちづくりを進めている。金沢市は周辺地域とともに観光都市としての風格をさらに増そうとしている。ひるがえって、新潟市はどうだろうか。これまでの「ビジョンなきまちづくり」のつけが今になって回ってきたのではないだろうか。それは単にこの二、三年の問題ではない。上越新幹線開業後、残念ながらしっかりとしたビジョンがなかったのではないだろうか。駅南のプラーカの破たんから始まって、最近では大和デパートの撤退と中心市街地は様々な問題を抱えている。

だが、過去の過ちをとやかく言っても始まらない。二〇一〇（平成二二）年を新潟市のまちなみ再生元年と位置付けるぐらいの大胆な方針転換を行わない限りは、二〇一四年の北陸新幹線延伸とともに新潟市の地盤沈下は果てしなく続いてしまうだろう。

特に、コンパクトシティーを目指す場合、国の出先機関を美咲町に集約

新潟美咲合同庁舎一号館（新潟市美咲町）

するという、いわゆる新潟版霞が関計画はゼロベースで見直すべきだ。国土交通省は片やコンパクトシティーの推進を掲げ、片や国の出先機関を中心市街地ではなく郊外に集約化しようとしているが、これは自己矛盾も甚だしい。確かに郊外に立地した方が駐車場の確保は容易だろうが、人の流れを中心市街地に戻そうという政策に明らかに逆行した愚策だ。新しい建物を建設する経費があるぐらいなら、中心市街地のビルの空きスペースを借りた方がはるかに安上がりではないだろうか。

注
新潟県で地域団体商標登録を行っているものは、新潟県産コシヒカリ、新潟茶豆、小千谷縮、新潟清酒、佐渡寒ブリ、白根仏壇、越後湯沢温泉など三〇ある（二〇〇九年一一月末現在）

第一二章　試される新潟のブランド力

地域もブランド力を競う時代

都市や都道府県のブランド力がシンクタンクなどによってランキングされ、また、商標法が改正され、地域団体登録商標の制度の創設とともに地域名を織り込んだ特産品の価値が高まるなど、今や地域も企業のようにブランド力を競う時代になってきた。以前から自治体レベルでも地域のイメージアップや企業のようなＣＩ（コーポレートアイデンティティー）を図るところはあったが、最近ではこれまで以上に多くの自治体が取り組むようになっている。

このような現象は日本だけでなく、欧米などでも見られるものだ。ヨーロッパでは毎年欧州文化首都として幾つかの都市を選び、一年間を通して様々な芸術文化に関する行事を開催し、相互理解を深めることとしている。文化首都に選ばれることで都市のブランド力が高まり、観光振興や企業誘致などが進めやすくなると考えられている。

全国でも圧倒的なブランド力を誇る新潟のコシヒカリ

新潟の強み〜コシヒカリブランド〜

それでは、新潟のブランド力の象徴は何だろうか。様々な調査を見ると、魚沼産コシヒカリなど新潟米のブランド力は依然として他の地域の米を圧倒しているようで、日本酒に関しても同様だ。

例えば、株式会社日経リサーチが実施している二〇〇八地域ブランド戦略サーベイでは新潟県としてのブランド力は四七都道府県中一九位（二〇〇六年は一七位）となっている。都市ごとでは佐渡市が五六位、魚沼市が七〇位、新潟市が一〇二位と比較的上位に入っているが、約半数の市に当たる一〇市が六〇〇番台以降の低い評価にとどまっている。これらの結果を見ると良くも悪くも地域としては平均的な評価のようであるが、個別の産品になると結果は変わってくる。

名産品ブランド力の農産（果物を除く）では魚沼米が二〇〇六（平成一八）年に続いて第一位（総合でも七位）と高い評価を得ている。このほか、新潟米が七三品目中で三〇位に入っている。また、酒の分野では新潟清酒が一五品目中で五位（日本酒では灘の清酒に次いで二位）に入っている。

このように、お米とお酒に関しては強力なブランド力があり、新潟のイメージを高めているといっても過言ではないだろう。だが、この調査では新潟の産品が必ずしもすべて対象になっているわけでもなく、米と酒以外

豊かな水や気候を生かし、県内には約九〇の蔵元が高品質で個性的な銘酒を造り出している（写真／新潟県観光協会）

産品の評価は必ずしも高いものではなかった。その一方で、新潟産のコシヒカリ、特に魚沼産のコシヒカリが生産量をオーバーして流通し、その偽装が問題になることも何度か起きている。このようなことは、昨今の食に関する偽装事件を見れば分かるように、せっかくの新潟のブランド力に水を差しかねない。

また、米にしても日本酒にしても、その消費量は年々減少傾向にある。特に日本酒は焼酎に押され、また、最近の若者のアルコール離れもあって苦戦が続いている。新潟の酒造会社も店じまいするところが出てきている。

二〇〇九（平成二一）年の米の食味ランキングによれば、最高級の特Aには全国の二〇銘柄が選ばれ、このうち新潟県では、魚沼、中越、佐渡、岩船の四つが入り、特に魚沼コシヒカリは二一年連続となった。確かに新潟の米の地位は盤石のようにも思えるが、隣の山形県のはえぬきも一五年連続特Aに選ばれている。米に関してはどこの県の農業関係者も、新潟県に追いつけとばかりに品種改良などを通じて食味の改善に努めている。ライバルは数多くいるのだ。また、中長期的には地球温暖化の影響で北東北や北海道が米の適地として環境が向上することが予想されている。

米のブランド力に関する他県との距離は、思いのほか縮まってしまって

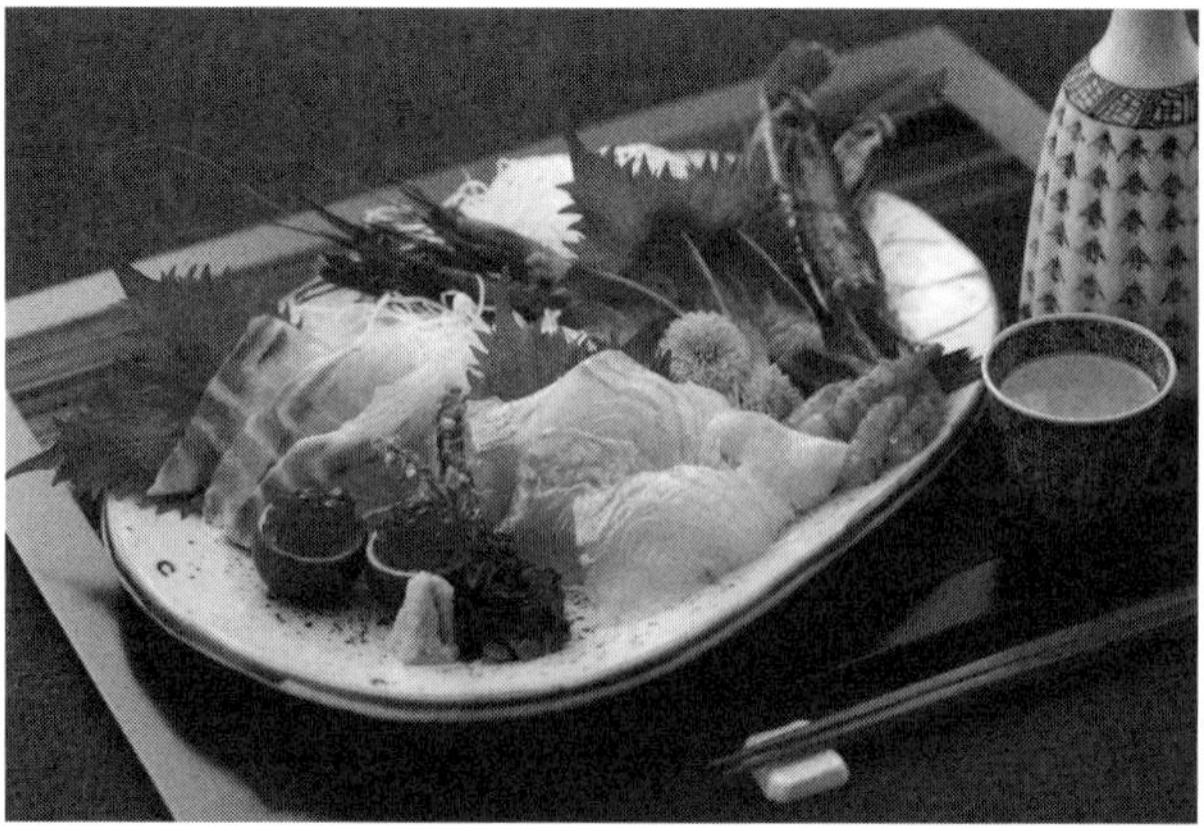

日本海で取れる海の幸。しかし、素材の良さに頼りきっているだけでは他県との競争に勝ち抜くことはできない（写真／新潟観光コンベンション協会）

いるようだ。

新潟の弱点〜情報発信力の欠如〜

それでは、新潟のブランド力に関する弱点は何だろうか。研修の講師などで全国各地を訪れ、様々な方と地域が抱える課題について意見交換を行っているが、どうも他地域に比べて、新潟は総じて現状に満足している人の割合が高いように感じられるのだ。別の言い方をすれば、自分の住んでいる地域を愛する人の割合が高いのではないだろうか。

自分の住んでいる地域を愛することは、このこと自体はとても素晴らしいことではあるが、時に、「Love is blind」になっている可能性も否定はできない。すなわち、自分の住んでいる地域やそこでとれるブランドについて自信を持っているがために、これまでより良くしようというインセンティブがあまり働いていなかったように感じられる。

また、県外の人からは、「新潟というのは海の幸、山の幸に恵まれていて様々なブランドがあって羨ましいですね。うちの地域は、とにかく必死になって、地域のブランドやイメージを情報発信しようと背伸びして頑張っていますから。そこまでしなくてもいい新潟は本当にうらやましい限りですね」と言われることがある。しかし、このことは新潟が他の地域に比べ

新潟市が開催しているにいがたマンガ大賞。受賞作は冊子になり、書店でも一般販売されている（写真／にいがたマンガ大賞実行委員会）

ると既存のブランド力にあぐらをかいて、あまり努力を行ってこなかったということの裏返しではないだろうか。

あるいは、コシヒカリ、新潟の酒と戦後ブランド化がうまくいったという成功体験が大き過ぎて、地域間競争が激化している現代にかえってマイナスに影響しているのかもしれない。

いずれにしても新潟のブランド力に関する最大の弱みとは、情報発信力の欠如にほかならないのではないだろうか。ここ数年、新潟県や新潟市などでブランドの開発や地域の情報発信が活発化してきたが、これまでの取り組みが不十分だったこともあり、他地域よりもかなり後手に回っているのは否めない。

ミシュランの観光地評価でも佐渡以外の観光地は取り上げられることすらなかった。これも情報発信の少なさといった面も影響しているのだろう。

MANGAを新たな新潟のブランドへ

最近、漫画やアニメ、ゲーム、フィギュアといったいわゆるサブカルチャーに対して国内外から熱い視線が向けられている。特に新潟県は全国的に見ても有名な漫画家を多数輩出した土地柄で、「ドカベン」の水島新司

若者をはじめ、県内外から多くの人々で賑わうガタケット会場。こんな大イベントがほぼ隔月ごとに開かれている（写真／ガタケット事務局）

さんや「めぞん一刻」の高橋留美子さん、「翔んだカップル」の柳沢きみおさん、「1・2の三四郎」の小林まことさん、「パタリロ！」の魔夜峰央さん、「ショムニ」の安田弘之さん、「ヒカルの碁」の小畑健さんなど挙げだしたらきりがない。また赤塚不二夫さんも小中学校の一時期を新潟市で過ごしている。

今や漫画はＭＡＮＧＡとなり、世界中の若者の心を捉えている。ハリウッドでも次々と日本の有名な漫画が実写化される時代だ。アメリカやイギリスだけでなく、世界各国の書店に日本の漫画本が並んでいる。

そもそも新潟に漫画を凌ぐ世界的なブランド力を持つものがほかにあるだろうか。新潟市がにいがたマンガ大賞を創設したり、古町には水島新司まんがストリートができるなど官民を挙げた取り組みも少しずつ行われてはいるが、もうひと押しの取り組みが必要ではないだろうか。このほか、新潟市では一九八三（昭和五八）年から新潟コミックマーケット（通称・ガタケット）と呼ばれる同人誌の展示即売会が一〇〇回以上開催されていて、その道の人にとっては聖地ともいうべき場所になっている。

これまでは、このような動きに対して、一部の趣味人、おたくの道楽といったようにどちらかというと冷めた目で見られがちだったが、今や秋葉原がアキバとして海外から多数の観光客が訪れる時代なのだ。新潟市は第

新潟市美術館。高橋留美子「犬夜叉」の記念パネルがポツンと立っている

二のアキバとしての可能性を多く秘めている。

新潟市美術館で「高橋留美子展」を開催するなど単発のイベントはあるが、新潟はこれだけ数多くの漫画家を輩出している割には、漫画に関する資料が常設されているところはない。国内外から、数多くの観光客が世界のMANGAの聖地である新潟を訪れるための仕掛けづくりなどというのはあまりにも突拍子もない絵空事と思う人も少なくないだろうが、三〇年、五〇年というロングスパンで考えれば、今のうちから手を打たないと手遅れになってしまうだろう。著名な作家、作曲家の出身地が観光地として脚光を浴びるのと同じように、世界的な漫画家を輩出している新潟にも同様の可能性はあるわけだ。

麻生太郎内閣のアニメの殿堂は立ち消えとなったが、ソフトを中心とした殿堂はむしろ新潟市のような地方都市にこそふさわしいものかもしれない。まずはゆかりのある漫画家の作品の原画や関連資料を徐々に収集するという地道な作業が、将来的には新潟のブランド力を高めることになるのではないだろうか。現代芸術やクラシックも悪いものではないが、新潟らしさとしては漫画の方に軍配を上げたい。

岩手県では、漫画で岩手の魅力をPRしようと、県にゆかりのある漫画家などの協力を得て漫画雑誌を二〇一〇年度に作ることを決めている。一

朱鷺メッセ展望ホールから望む新潟市の夕景（写真／新潟県観光協会）

足先を越されてしまったが、新潟でも出身の漫画家とタイアップして情報発信を進めるべきではないだろうか。ぜひとも〝マンガ王国〟構想を現実のものとすべきである。

景観という名の地域資源

新潟のブランド力として、もっと評価されてもよいのではないかと思えるのが景観だ。佐渡島に夕日の沈む景観はもちろんのこと、山間部には上高地にも負けない景観を味わえるところが幾つもある。

新潟市内には残念ながら金沢市や高山市のような歴史的な町並みが残されているわけではない。だが、それを補って余りあるのが自然景観、それも海、山、川、島の四つが見事に揃った眺望だ。冬の晴れた日に朱鷺メッセの展望台に上がれば、紺碧の日本海に浮かぶ佐渡島と粟島、足元には日本一の信濃川が雄大な越後平野の中を流れ、眼前には日本百名山の飯豊連峰や朝日連峰の真っ白な山並みが輝いている。運が良ければ鳥海山まで望めるかもしれない。雄大な景観を味わうことができるのは県庁所在都市の中ではもちろんのこと、日本随一といっても過言ではないだろう。もちろん、このような素晴らしい景観は天候に左右されることが大きく、新潟のブランドとしてPRしにくい側面があるのもまた事実だが、なかなか見ら

角田山のふもとに広がる上堰潟公園は、春の桜や菜の花、秋のコスモスといった季節の花々が咲き乱れる。広大な潟で水鳥も羽を休める（新潟市西蒲区　写真／新潟県観光協会）

れないということを逆手にとった宣伝方法もあり得るだろう。実際、景観を売り物にしている国内外の観光地も、天気が悪ければ絶景を見ることはできない。それでも数多くの観光客が集まることを考えれば、ここでも情報発信力の課題が見え隠れする。

新潟市内には朱鷺メッセのほか、ＮＥＸＴ21、新潟県庁の展望室など展望施設には恵まれているので、観光資源として活用することが可能だ。

このほか、鳥屋野潟、福島潟、佐潟のいわゆる新潟三潟の景観もほかの政令指定都市にはないものであり、角田山を背にした上堰潟公園の眺めも素晴らしいものがある。このような素晴らしい景観を地域の貴重な資源として守り、また、情報発信していくことが新潟のブランド力を高める一助となるだろう。

また、上越新幹線も実は日本屈指の山岳景観が座りながら楽しめる新幹線なのだ。東京駅を出て、雄大な関東平野を突っ走る間に、富士山や筑波山、秩父山系や男体山、奥白根山といった日光山系、八ヶ岳や赤城山、榛名山、妙義山、武尊山、浅間山といった名だたる日本百名山が車窓から楽しむことができる。

新幹線が清水峠に近づくと谷川連峰が見えてくる。新清水トンネルを抜ければ反対側から谷川の山々を望むことができる。何といっても圧巻なの

上越新幹線の車窓からも楽しめる雄大な越後三山の景観（写真／新潟県観光協会）

が浦佐駅周辺で眺めることができる越後三山と巻機山の山並みだ。そして新潟市に近づくと飯豊山地や朝日山地を望むことができる。さらに、反対側に目を転じると車窓からも佐渡の山並みが見えるのだ。

もちろん、天気が良く、しかも空気が澄んでいるという条件が重ならないとこれだけの眺望をすべて堪能することは難しいが、冬場には意外とチャンスが多い。百名山好きの熟年ハイカーには特にお薦めの眺望だ。

新潟駅の再生

新潟のブランド力について、新潟市の顔ともいうべき新潟駅のあり方を抜きにして語ることはできないだろう。既に在来線を高架にする連続立体交差事業が進行中だ。南口については再開発も進み、それなりにその姿が明らかとなっている。

だが、万代口については一向にその全容が見えてこない。実際、新潟市の計画を見ると、まずは高架化に取り組み、二〇一六年前後までにはおおむね工事が終わることになっている。万代広場については、連続立体交差事業が終了してから五年程度で完成するということのようだ。すなわち、万代口は二〇二〇年すぎにならないとその新しい姿を見ることはできないようだ。二〇一四年度に北陸新幹線が延伸し、金沢や富山が都市の魅力を

整備工事によってリニューアルされた新潟駅新南口広場

増そうとしているときに、新潟駅周辺では依然として工事中で、都市の顔としては甚だ不十分な状況が続く。

インフラ整備というのは短期間で済むものではなく、今後の財政状況などを考慮すれば、さらに遅れることも考えられる。金沢や富山が長い時間待ったように、新潟も都市の顔が再生されるのをじっと待ち続ける時期となりそうだ。そうなると、ハード面ではなく、ソフト面の魅力づくりがますます不可欠となる。

また、古くなってきた駅ビルがどのように変わるのか、これもまだ見えてこない。新潟市には県内の人口の三分の一が集中している。そして、その交通の中心として新潟駅が果たしてきた役割は大きなものがある。

新潟駅の再生なくして新潟のブランド力の向上はあり得ないのではないだろうか。

エピローグ　二〇二五年の新潟

過去から何を学ぶべきか

これまで、新潟県や新潟市などにおける中長期的な政策課題を一二取り上げ、その課題の背景や現状、今後の展望などについて論じてきた。どの課題も様々な側面を持ち、簡単に解決できるものではない。むしろ、読者の皆さんに新潟を取り巻く公共政策の課題に関する理解を深めてもらうことを目的に書いたものであることから、このような課題があるということを一人でも多くの方に知ってもらえれば本書の目的は大方達成されたといってもいいだろう。

いずれにしても、現在、そして中長期的に解決していかなければいけない諸課題を理解するためには、単によその地域と比べるという地域間の比較の視座だけでなく、歴史を紐解くという時代間の比較の視座が重要だ。新潟という地域の歴史を直視し、歴史からの教訓をしっかりと生かしていくこと、特に温故知新という視点が中長期的な課題を解決するための大前提となるだろう。これは、B級グルメという分野ですらキーワードとなっている。新しいご当地グルメを開発することも一つの手法ではあるが、これまで地域に根付いてきた食文化に光を当てたところほど、より地域の振興につながっている。過去から学ぶべきことはまだまだたくさんある。そしてそれは単に成功体験をなぞるのではなく、むしろ失敗した事例などから反省点を見つけ、今後につなげていくべきだろう。

二〇二五年の新潟は？

今から一五年後の、二一世紀となってから四半世紀が経過する二〇二五年に新潟はどのような変貌を遂げているだろう。人口の約三分の一が高齢者で占められ、人口減が続く中、外国人住民の数はそれなりに増えているだろう。大学も淘汰が進み、多くの留学生であふれていることだろう。また、地球温暖化の影響が新潟の農林水産業や市民生活にも影響を与えるようになり、スキー場の数は激減しているだろう。

そして、新潟県自体が道州制の導入によって消滅しているかもしれないのだ。そもそも二一世紀は変化の日まぐるしい時代だ。九・一一テロや未曾有の経済危機、新型インフルエンザの猛威などを予想していた人がどれほどいただろうか。今や半年や一年先のことすら予想することは容易ではない。もしかすると朝鮮半島情勢が劇的に変化し、環日本海交流が本格化する可能性もないわけではない。

しかし、本書で取り上げた政策課題については、事の軽重こそあれ、どれも確実に新潟に影響を及ぼすことであり、また、市民一人一人が自分たちの問題として受け止めなければいけないことばかりだ。これらの課題は我々の日常生活に様々な影響を及ぼし、また、自治体や関係機関はそれぞれの役目を果たすべく、諸問題の解決に向けて既に動きだしている。

今何を始めるべきか

先行きが不透明な時代、今日明日のことで手いっぱい、将来のことなどとても考えている余裕はないという人も多いだろう。構造改革という名の荒波の後は、未曾有の経済危機が押し寄せ、社会全体のセーフティーネットをしっかりと構築しておくことがいかに重要であるかを多くの人が認識を新たにしたことだろう。しかし、すべてを国や自治体任せにする時代ではないこともまた事実だ。私の専門の地方自治の分野では補完性の原理の重要性が唱えられている。これは、もともとはキリスト教に起源を持つもので、分かりやすく言えば、個人でできることはできるだけ個人が、個人でできないことは家族が、家族でできないことはコミュニティー（地域社会）が、コミュニティーでできないことは基礎自治体（市町村）が、基礎自治体でできないことは広域自治体（都道府県）が、広域自治体でできないことは国家が担うべきであるという考え方だ。

本書で取り上げた課題の中でも、地球温暖化や災害に強い地域づくりなどは個人や家族、コミュニティーの役割が重要となる。特に新潟の場合、脱車社会に向けて各自が不便さを乗り越えて取り組みを始めていかないと、世界からも他地域からも大きく出遅れてしまうことになるだろう。また、観光やブランド力、二〇一四年問題なども地域の力が試されている問題でもある。

まちづくりに関しては、郊外化に一定の歯止めをかけ、コンパクト化を図ることが地球環境にも好ましい影響を及ぼす。公共事業依存体質からの脱却も同様である。それぞれの課題は相互に密接に関係し合っているのだ。

役所任せ、人任せではなく、市民一人一人がこれらの中長期的な課題を意識して、日々の生活を少しずつ変えていくことこそが地域の将来を大きく変えていく起爆剤となるのではないだろうか。

おわりに

本書は、私が新潟で生活するようになってから一〇冊目の本である。特に前作である、ブックレット新潟大学51『２０２５年の新潟を展望する』の増補版として発行したもので、ブックレットでは触れることのできなかったテーマを加え、内容も一新したものである。

国内外を問わず、政治、行政、経済、どれをとっても混迷の度合いを深めている。羅針盤なき時代に、あえて、新潟の来し方行く末を考え、厳しい論調で、新潟のこれからについて問題提起を行ったのが本書である。瀬戸際にあるのは何も新潟だけではない。他の都道府県も同様であり、また、日本も諸外国も多かれ少なかれ同じような立場に置かれているのである。

新潟は私にとって生活の拠点としては、一〇か所目の都道府県である。そして新潟での生活もこの四月で一〇年目に入る。その間、国立大学も法人化され、法科大学院が設立されるなど様々な出来事があった。そのような中で、本書を刊行することができたのは、ひとえに、新潟日報事業社の新保一憲さんと加藤藍子さんのご尽力の賜物である。ここに厚く感謝を申し上げる次第である。

参考文献

青森市ホームページ
尾島俊之「地域における健康危機管理におけるボランティア等による支援体制に関する研究（厚生労働科学研究費補助金、健康安全・危機管理対策総合研究事業）」（二〇〇八年）
厚生労働省老健局老人保健課「都道府県別死因の分析結果について」（二〇〇八年）
財団法人環日本海経済研究所『ＥＲＩＮＡ　二〇〇八年度事業報告書』（二〇〇九年）
自由民主党道州制推進本部「道州制に関する第3次中間報告」（二〇〇七年）
総務省ホームページ
田村秀「公共投資は誰のため」（地方財務一九九八年一月号〜九月号）
田村秀『市長の履歴書』（ぎょうせい、二〇〇三年）
田村秀『道州制・連邦制』（ぎょうせい、二〇〇四年）
田村秀「道州制が分権型社会をつくる」（週刊エコノミスト二〇〇六年三月二一日号）
田村秀『自治体ナンバー2の研究』（第一法規、二〇〇六年）
田村秀『データの罠―世論はこうしてつくられる』（集英社新書、二〇〇六年）
田村秀『自治体格差が国を滅ぼす』（集英社新書、二〇〇七年）
田村秀『B級グルメが地方を救う』（集英社新書、二〇〇八年）
田村秀『二〇二五年の新潟を展望する―新潟をめぐる7つの課題―（ブックレット新潟大学）』（新潟日報事業社、二〇〇九年）
地方制度調査会「第28次地方制度調査会答申」（二〇〇六年二月）
道州制ビジョン懇談会「中間報告」（二〇〇八年）

富山市ホームページ
内閣官房ホームページ
長岡市ホームページ
長野県後期高齢者医療広域連合「みんなで考えよう長野県の医療費」(二〇〇七年)
新潟県ホームページ
新潟市都市政策研究所「新潟市都市政策研究所だより(第七号)」(二〇〇九年一〇月)
新潟市ホームページ
日経トレンディ二〇〇九年六月号
日本経済団体連合会「道州制の導入に向けた第2次提言―中間とりまとめ―」(二〇〇八年)
日本政策投資銀行「データからみる政令指定都市「新潟」―札幌・仙台・広島・福岡・静岡・金沢との比較―」(二〇〇七年二月)
古厩忠夫『裏日本―近代日本を問いなおす―』(岩波新書、一九九七年)
三輪眞知子「新潟県中越沖地震における町内会の活動に関する研究(厚生労働科学研究費補助金、健康安全・危機管理対策総合研究事業)」(二〇〇八年)
民主党マニフェスト
目黒公郎『間違いだらけの地震対策』(旬報社、二〇〇七年)
文部科学省ホームページ
李燦雨『図們江地域開発一〇年―その評価と課題―(エリナブックレットVol・2)』(財団法人環日本海経済研究所、二〇〇三年)

■著者紹介

田村　秀（たむら・しげる）

1962年生まれ。北海道苫小牧市出身。

東京大学卒業後旧自治省入省。岐阜県地方課、地方債課係長、香川県企画調整課長、市町村アカデミー教授、三重県財政課長、給与課課長補佐、東京大学大学院客員助教授、バーミンガム大学客員研究員、国際室課長補佐、自治大学校教授を経て2001年より新潟大学法学部助教授、2007年より教授。国際基督教大学博士（学術）。

専門：行政学、地方自治、公共政策、食によるまちづくり

主な役職：東京大学工学部非常勤講師、政策研究大学院大学客員教授、早稲田大学大隈記念大学院公共経営研究科非常勤講師など

主な著書：「市長の履歴書」（ぎょうせい、2003年）、「道州制・連邦制」（ぎょうせい、2004年）、「政策形成の基礎知識」（第一法規、2004年）、「データの罠」（集英社新書、2006年）、「自治体ナンバー２の役割」（第一法規、2006年）、「自治体格差が国を滅ぼす」（集英社新書、2007年）、「Ｂ級グルメが地方を救う」（集英社新書、2008年）、「2025年の新潟を展望する」（新潟日報事業社、2009年）ほか多数

http://tamura-shigeru.cocolog-nifty.com/blog/

消滅か復権か　瀬戸際の新潟県―12の課題

2010年４月22日　初版第１刷発行

著　者――田村　秀

発行者――五十嵐　敏雄

発行所――新潟日報事業社

〒951-8131　新潟市中央区白山浦2-645-54　新潟日報事業社　出版部

TEL　025-233-2100　　FAX　025-230-1833

http://www.nnj-book.jp/

印刷・製本――新高速印刷㈱

 Printed in Japan　ISBN978-4-86132-392-8